Heinrich Wagner

Die altchristliche und byzantinische Baukunst

Heinrich Wagner

Die altchristliche und byzantinische Baukunst

ISBN/EAN: 9783743326750

Hergestellt in Europa, USA, Kanada, Australien, Japan

Cover: Foto ©ninafisch / pixelio.de

Manufactured and distributed by brebook publishing software
(www.brebook.com)

Heinrich Wagner

Die altchristliche und byzantinische Baukunst

HANDBUCH

DER

ARCHITEKTUR.

Unter Mitwirkung von Fachgenoffen

herausgegeben von

Oberbaudirector
Profeffor Dr. **Josef Durm**
in Karlsruhe,

Geheimer Regierungsrath
Profeffor **Hermann Ende**
in Berlin,

·
und

Geheimer Baurath
Profeffor Dr. **Eduard Schmitt**
in Darmstadt.

Geheimer Baurath
Profeffor † Dr. **Heinrich Wagner**
in Darmstadt.

Zweiter Theil:

DIE BAUSTILE.

HISTORISCHE UND TECHNISCHE ENTWICKELUNG.

3. Band, erfte Hälfte:

Die altchriftliche und byzantinifche Baukunft.

ZWEITE AUFLAGE.

———— ♦♦♦

ARNOLD BERGSTRÄSSER VERLAGSBUCHHANDLUNG A. KRÖNER,
STUTTGART 1899.

DIE

BAUSTILE.

HISTORISCHE UND TECHNISCHE ENTWICKELUNG.

DES

HANDBUCHES DER ARCHITEKTUR

ZWEITER THEIL.

---

3. Band, erſte Hälfte:

Die altchriſtliche und byzantiniſche Baukunſt.

ZWEITE AUFLAGE.

Von Dr. **Heinrich Holtzinger.**

ord. Profeſſor der Kunſtgeſchichte an der Techniſchen Hochſchule zu Hannover.

Mit 278 in den Text eingedruckten Abbildungen, ſowie 5 in den Text eingehefteten Tafeln.

STUTTGART 1899.
ARNOLD BERGSTRÄSSER VERLAGSBUCHHANDLUNG
A. KRÖNER.

INHALTS-VERZEICHNISS.

Die altchriftliche und byzantinifche Baukunft.

Seite

Einleitung 3

A. Unterirdifche Grabanlagen der altchriftlichen Zeit 5

    1. Kap. Anlage der Katakomben 5

    2. Kap. Ausftattung der Katakomben 9

    3. Kap. Lage der bedeutendften Katakomben 14

    4. Kap. Anlagen oberhalb der Katakomben 17

B. Kirchenbau 19

  I. Einleitendes 19

    5. Kap. Antike Bafilika 19

    6. Kap. Schema der chriftlichen Bafilika 25

  II. Denkmäler 30

    7. Kap. Abendland 30

      a) Römifche Gruppe 30

        1) Bafiliken 30

        2) Römifche Centralbauten 55

      b) Ravenna 65

        1) Bafiliken 65

        2) Centralbauten 78

      c) Uebriges Italien 84

        1) Süd-Italien 84

        2) Nord-Italien 88

      d) Dieffeits der Alpen 94

    8. Kap. Der Often bis auf Juftinian und Nord-Afrika 102

      a) Paläftina und die Balkan-Halbinfel 102

      b) Nord-Afrika 108

      c) Central-Syrien 111

    9. Kap. Byzantinifche Architektur 136

      a) Vorftufen 136

      b) Sophien-Kirche 150

      c) Spätere Entwickelung der byzantinifchen Architektur 154

Literatur-Nachweife 170

  1) Allgemeine Darftellung 170

    a) Syftematifch 170

    b) Sammelaufnahmen der hervorragendften Monumente 170

    c) Altchriftliche Architektur des Abendlandes 170

    d) Altchriftliche Architektur des Orients 170

    e) Nord-Afrika 170

  Seite

2) Literatur zur Frage nach dem Ursprung der Kirchengebäude 170

3) Monographien über wichtigere Monumente 171

  a) Rom 171

  b) Ravenna 171

  c) Mailand 171

  d) Nola 171

  e) Parenzo 171

  f) Trier 171

  g) Tours 171

  h) Constantinopel 171

Orts-Register 172

Verzeichnifs

der in den Text eingehefteten Tafeln.

Zu Seite 98: St.-Jean-Baptiste (ehemalige Eingangshalle) zu Poitiers.

 »   » 129: Kalat-Sim'an. — Ansicht von Norden. (Heutiger Zustand.)

 »   » 150: Sophien-Kirche zu Constantinopel. — Aeußeres.

 »   » 151: Sophien-Kirche zu Constantinopel. — Längenschnitt.

 »   » 161: Kirche zu Studenica in Serbien.

VORWORT.

Die architekturgeschichtliche Erforschung der altchriftlichen Zeit ift noch in ftetigem Fluß begriffen; viel neues Material ift in den letzten Jahren herbeigefchafft. Die älteren, zufammenfaffenden Darftellungen, wie fie *H. Hübfch* und Andere gegeben, find, fo verdienftlich fie zu ihrer Zeit gewefen und fo dankbar die Summe mühevoller Arbeit, mit der fie aufgebaut, anerkannt werden muß, heute in wefentlichen Punkten der Ergänzung und Berichtigung bedürftig, und fo kommt es, daß auch die vortreffliche Arbeit *A. Effenwein's*, an deren Stelle der vorliegende Halbband des ›Handbuches der Architektur‹ zu treten beftimmt ift, das Schickfal des Veraltens in dem Maße theilen mußte, als diefelbe fich bald enger, bald freier jenen älteren Vorarbeiten anfchloß.

Als von der Redaction des ›Handbuches‹ an den Unterzeichneten der ehrenvolle Auftrag erging, die zweite Auflage diefes Halbbandes nach dem zu frühen Tode *Effenwein's* zu beforgen, glaubte derfelbe, diefer Aufgabe, im Hinblick auf die feitdem durch die neuere Forfchung ftark verfchobene Grundlage, nur unter faft völliger Preisgabe des von *Effenwein* aufgerichteten Gebäudes entfprechen zu können und deßhalb auf die lockende Arbeit verzichten zu müffen. — Der darauf ergangenen Aufforderung, ein ganz neues Buch an die Stelle des von *Effenwein* gefchriebenen zu fetzen, ift Unterzeichneter nach Kräften nachzukommen beftrebt gewefen, mit dem Wunfche und in der Hoffnung, nach dem augenblicklichen Stande der Forfchung den Studirenden eine Grundlage und Anregung auch für eigene Studien auf einem überall noch der Weiterarbeit bedürftigen Felde zu bieten. Mit der vorliegenden Darftellung ift keine erfchöpfende Gefammtgefchichte und eben fo wenig eine Statiftik des altchriftlichen Denkmälerfchatzes beabfichtigt worden; Beides hofft Unterzeichneter bald an einem anderen Orte zu geben; hier follte vielmehr das Hervorragendfte in möglichft deutlicher Anfchauung vorgelegt werden. — Die letztere zu unterftützen, wurde der feiner Zeit für die *Effenwein'fche* Darftellung ausgewählte Illuftrationsvorrath gefichtet und dank dem Entgegenkommen von Redaction und Verlag nicht unerheblich vermehrt. — In einer Reihe von der Gepflogenheit des Verfaffers abweichender orthographifcher und anderer Eigenthümlichkeiten wolle man eine Conceffion an die für alle Bände des ›Handbuches‹ aufgeftellten Regeln fehen.

Hannover, im Juli 1898.

H. Holtzinger.

Die altchriftliche und byzantinifche Baukunft.

Von Dr. Heinrich Holtzinger.

Einleitung.

Die Gefchichte der altchriftlichen Architektur bietet nicht, gleich der ägyptifchen etwa, das Bild einer gefonderten Erfcheinung, ohne nach rückwärts leitende Fäden; auch hat fie nicht die Jugendzeit allmählichen, organifchen Wachsthums aus fich heraus gekannt; fie bildet nicht den Anfang, fondern den Abfchlufs einer langen, taufendjährigen Entwickelung.

Es giebt chronologifch keine fcharf markirte Grenzlinie zwifchen der antiken und der frühchriftlichen Kunft; es ift kein Abbrechen und Neubeginnen, fondern ein langfamer, Jahrhunderte währender Uebergang, eine allmähliche Umbildung, keine Neufchöpfung.

Indem fich innerhalb der antik-heidnifchen Gefellfchaft auf dem Grunde des Evangeliums eine neue Ordnung herausbildete, wurde nicht etwa die antike Lebensform als Ganzes über Bord geworfen, in der ftaatlichen Organifation fo wenig wie im bürgerlichen Leben; vielmehr beginnt ein neuer Geift langfam die alte Welt zu durchleuchten, fie ftürzt nicht plötzlich; fie wird in allmählichem Verlauf zu neuen Formen umgebildet. Diefer Procefs offenbart fich auf das Deutlichfte auch in den bildenden Künften. Die Kunft der erften chriftlichen Jahrhunderte hat nicht zum wenigften darin ihren hohen Reiz und befonderen Werth, daß fie uns das langfame Hinwelken der Antike im verklärenden Schimmer des neuen, chriftlichen Geiftes erblicken läßt.

Es find die Ausgänge der antiken, der griechifch-römifchen Architektur, die uns hier befchäftigen; aber fie bilden zugleich den Eingang, den Vorhof der kirchlichen Baukunft des Mittelalters, Ihre Erklärung, ihr Verftändnifs finden die Anfänge der kirchlichen Kunft wefentlich durch den Rückblick auf ihre unmittelbare Vorgängerin, die Antike, und fo ift es eine logifche Forderung organifcher Darftellungsweife, im unmittelbaren Anfchluß an die antike Archi-tektur den Verfuch einer Darftellung der frühchriftlichen Baukunft zu machen.

Der Zeitraum, deffen architektonifche Schöpfungen wir hier betrachten, beginnt mit Jahrhunderten, die für die heutige Forfchung, Dank dem Reich-thum der überlieferten Zeugniffe, zu den am hellften beleuchteten der Gefchichte des Alterthums gehören. Wir meinen danach auch eine reich und klar fließende Quelle für die Erkenntnifs der Kunft jener Zeit im Dienfte des Chriftenthums und der Kirche erwarten zu dürfen. Diefe Hoffnung wird, wenn auch nicht völlig getäufcht, fo doch auf eine harte Probe geftellt. Es bedarf forgfältigfter Prüfung oft unficherer und entftellter Ueberlieferung und für wichtige Monu-mente vorfichtiger Rückfchlüffe aus Späterem auf arg Entftelltes oder gar völlig

1*

Quelle für die Erkenntnifs der Kunft jener Zeit im Dienfte des Chriftenthums und der Kirche erwarten zu dürfen. Diefe Hoffnung wird, wenn auch nicht völlig getäufcht, fo doch auf eine harte Probe geftellt. Es bedarf forgfältigfter Prüfung oft unficherer und entftellter Ueberlieferung und für wichtige Monumente vorfichtiger Rückfchlüffe aus Späterem auf arg Entftelltes oder gar völlig Verlorenes. Denn fcheinbar Befferes war hier oft des Guten Feind. Im Eifer und Thatendurft nach eigenen Schöpfungen hat die Kirche zu Hunderten von Malen ihre eigenen älteren Werke auf dem Gebiete der Architektur nicht blofs umgebildet, fondern von Grund auf zerftört und durch Neues erfetzt. Nur forgfamftes Studium oft geringfügiger Refte und kritifche Prüfung der Quellen zur Gefchichte der einzelnen Monumente vermögen hier das urfprüngliche Bild wieder herzuftellen.

Nicht überall haben allerdings die Denkmäler fo tief greifende Umänderung und Zerftörung erfahren, wie im Centrum kirchlichen Lebens, in Rom, und auch fonft auf abendländifchem Boden; faft unberührt von zerftörender Hand, nur vom Zahne der Zeit benagt, ftehen die wunderbaren Bauwerke Syriens da; reiche Einblicke in die ältefte chriftliche Bauweife bieten uns die neuerlich blofs gelegten Monumente im nördlichen Afrika. Wir müffen aus folchem Allem die Summe ziehen, unter vergleichendem Blick auch auf die fchriftliche Tradition, um ein Gefammtbild zu gewinnen und Verlorenes im Bilde oder im Geifte zu reconftruiren, und da ergiebt fich trotz Allem eine erfreuliche Summe geficherten Materials.

A. Unterirdifche Grabanlagen der alt-
chriftlichen Zeit.

A. Stellung der Grabbauer.

Der Verfuch einer chronologifchen Schilderung des Entwickelungsganges der altchriftlichen Architektur begiebt fich des grofsen Vortheiles rein fyfte-matifcher Darftellungsweife, das inhaltlich Bedeutfamfte an die Spitze ftellen zu dürfen; ein ungünftiges Gefchick hat für den Hiftoriker über den erften Jahr-hunderten chriftlicher Bauthätigkeit gewaltet: Werke fecundärer Bedeutung find erhalten geblieben, während für die Entwickelungs-ftufen der höheren Sacral-Architektur nur vereinzelte Refte noch zu Gebote ftehen, um unter der Mithilfe literarifcher Ueberlieferung eine von Hypothefen und Fragezeichen nicht immer freie Schilderung zu geftatten. Jene älteften uns erhaltenen Schöpfungen, Werke zweiter Ordnung gleichfam, gehören, gleich den älteften Ueberbleibfeln chrift-licher Malerei und Plaftik, dem grofsen Gebiete des Sepulcralwefens an; es find die zahllofen Gräber unter- und oberhalb der Erde mit ihrem reichen, für die Erkenntnifs frühchriftlicher Anfchauungen fo hoch bedeutungsvollen Inhalt. Den letzteren geftattet der Zweck des vorliegenden Halbbandes nur andeutungsweife zu berühren; aber auch bei der Betrachtung alles Architektonifchen auf diefem Gebiete müffen wir uns, von wenigen gröfseren oberirdifchen Bauten abgefehen, ftets vor Augen halten, dafs es fich hier nicht um die ältefte chriftliche Bau-kunft fchlechthin, fondern nur um das zufällig Aeltelt-Erhaltene handelt.

j

1. Kapitel.

Anlage der Katakomben.

1. Begriff und allgemeiner Ainfatz

Unter den chriftlichen Grabbauten überragen die, mit wenigen Ausnahmen, von Zerftörung verfchont gebliebenen unterirdifchen Anlagen an Alter heute durchweg die Bauten gleicher Beftimmung oberhalb des Erdbodens. Aber nicht blofs aus diefem Grunde, aus chronologifchem Intereffe verdienen fie eine ein-gehende Würdigung in der Gefchichte der Architektur; fie ftellen fich auch formal als eine höchft eigenartige Claffe baulicher Anlagen neben alle archi-tektonifchen Unternehmungen der gleichen oder vorhergehenden Zeit auf dem Gebiete des Sepulcralwefens. Von den Einzelgräbern, wie von den Maffen-gräbern, den Columbarien der Antike, unterfcheiden fie fich in markantefter Weife und beanfpruchen einen gefonderten Platz im Kapitel vom Grabbau jener Zeit.

Ein Gesetz, welches das ganze claffifche Alterthum beherrfchte, gebot, die Todten nur auſserhalb der bewohnten Orte zu beſtatten. Längs der groſsen Straſsen, die von den Thoren der Städte in das Land hinausgehen, erheben ſich noch heute die Ueberreſte der Maufoleen und Grab-Stelen; diefe Straſsen müffen wir auch hinaus wandern, um die Eingänge zu den Todtengrüften der älteſten Chriſtengemeinden zu fuchen. Erſt wenn wir den erſten der antiken Meilenſteine hinter uns haben, können wir hoffen, jene *introitus ad martyres* zu finden, die heute unfcheinbar, verſteckt, in armfeligſter Form, oft nur noch als halb verfallene Treppen ſich darſtellen, ja, zum groſsen Theile noch der Wiederauffindung harren. Kaum eine andere Claffe alter Denkmäler iſt im Laufe der Jahrhunderte fo völliger Vergeffenheit anheimgefallen, wie die chriſtlichen Cömeterien, die doch in den erſten vier Jahrhunderten, fo paradox dies klingen mag, einen bedeutfamen Beſtandtheil altchriſtlichen Lebens bildeten. In dicht gedrängten Schaaren wallfahrteten die römifchen Chriſten zu den Gräbern ihrer Glaubenshelden; mit einer künſtlerifchen Pracht wurden diefe Grabſtätten bedacht, die in ihrem Ziele jedenfalls in nichts derjenigen der heidnifchen Sepulcral-Anlagen nachſtand. Es waren äuſsere Einflüſſe, die rafche Veródung und zunehmende Unficherheit der Umgebung der Städte in Folge der ſich mehrenden Barbareneinfälle im V. Jahrhundert, wodurch der früher fo rege Verkehr mit den Grabſtätten gehindert und diefe, nachdem ein Theil ihres, dem Glauben theueren Inhaltes innerhalb der Städte geborgen war, allmählich der Vereinfamung und fchlieſslich völliger Vergeffenheit entgegengeführt wurden.

Iſt doch in der römifchen Campagna nur eine einzige gröſsere Anlage diefer Art, bei der Kirche *San Sebaſtiano* an der Via Appia, auch im fpäteren Mittelalter den Pilgern bekannt geblieben; die Bezeichnung *ad catacumbas*, d. h. *ad accubitoria*, bei den Grabſtätten, die ihr anhaftete, verblieb von da an als technifcher Ausdruck für folche Anlagen überhaupt, und fo iſt das Wort »Katakomben« im modernen Sprachgebrauch zu einem Unterfcheidungsmerkmal für zufammenhängende, unterirdifche Grab-Complexe, im Gegenfatz zu Einzelgräbern, geworden.

Im Jahre 1578 führte ein Zufall zur Wiederentdeckung römifcher Katakomben, zunächſt an der Via Salaria. Der lange Zeit mehr planlofen Durchfuchung nach Infchriften, Bildern und transportablen Gegenſtänden folgte erſt in unferem Jahrhundert die fyſtematifche Ausgrabung, zunächſt durch den Jefuitenpater *Marchi*, dann durch den Meiſter der chriſtlich-archäologifchen Forfchung, *Giovanni Battiſta de Roffi* (✝ 1894), deffen groſses Werk von feinen Schülern und Nachfolgern (*Orazio Marucchi, Enrico Stevenſon, Pietro Croſtaroſa* u. A.) raſtlos fortgefetzt wird[1].

Das Labyrinthartige, das heute diefe Cömeterien zeigen (Fig. 1[2]), iſt nicht ein Spiegelbild der urfprünglichen Anlage, fondern erſt das Ergebnis einer langen Entwickelung. Weit entfernt von einem planlofen Graben, gefchweige der (früher unrichtig vermutheten) Benutzung verlaffener Sandgruben oder Arenarien, ging man vielmehr bei der Anlage der Katakombengräber nach einem beſtimmten Schema und innerhalb ſtreng normirter Grenzen vor. Nachdem das zu Gräberanlagen beſtimmte Grundſtück durch einen Einzelnen oder durch eine Genoffenfchaft, durch ein nach antiker Sitte gebildetes *Collegium funeraticium* erworben war, wurden zunächſt auf der *Area* die Grenzen abgeſteckt und auf

[1] Literatur: Bosio, A. *Roma fotterranea* etc. Rom 1632; lateinifch von P. Aringhi, Rom 1651. — Marchi, *Monumenti primitivi delle arti criſtiane* etc. Rom 1844. — Rossi, G. B. de. *La Roma fotterranea criſtiana*, Rom 1864—77; Band IV in Vorbereitung. — Rossi, G. B. de, *Bullettino di archeologia criſtiana*, feit 1863. — Schultze, V. *Die Katakomben von San Gennaro zu Neapel*, 1877. — Derfelbe, *Die Katakomben*, Leipzig 1882. — Kraus, F. X. *Roma ſotterranea*, 2. Aufl. Freiburg 1879. — Roller, Th. *Les catacombes de Rome* etc. Paris 1881.

[2] Nach Schultze, V. *Die Katakomben, Die altchriſtlichen Grabſtätten* etc. Leipzig 1882.

Grenzsteinen inschriftlich fixirt *(in fronte pedes ....; in agro pedes ....)*; alsdann
begann die Ausgrabung unterhalb des Bodens. Eine Treppe führte zu einem
Corridor *(ambulacrum, crypta)* hinab, der zunächst nahe den Grenzen der gewöhnlich oblongen *Area* entlang lief, an den Ecken rechtwinkelig umbiegend. Quer-
galerien verbanden die Längscorridore; nach Bedarf wurden weitere Gänge
durchgezogen. Die Abmessungen dieser Gänge sind bei den Katakomben der

Fig. 1.

Katakomben an der Via Nomentana bei Rom. — *(Coemeterium Ostrianum?)*.

römischen Campagna in Anbetracht des für weite Spannungen nicht geeigneten
Materials, des Tufffteins, in engen Grenzen gehalten; reichlich mannshoch und
80 cm bis 1 m breit ziehen·sich diese Corridore hin, mit leicht gewölbter Decke.
In die Wände find die Gräber eingelassen, zu dreien oder vieren über einander,
mit der Langseite dem Gange zugekehrt, einfache, oblonge Nischen von der
Länge des zu bestattenden Leichnams, nach dessen Beisetzung fie vorn mit einer

Marmorplatte oder Ziegeltafel gefchloffen wurden, die in eingemeifelter oder aufgemalter Schrift Namen, Lebensdauer, Todes- oder Beftattungstag des Verftorbenen, unter Beifügung eines Segenswunfches oder einfacher chriftlicher Symbole, zeigt. Die Reliquienfucht des Mittelalters, welche pietätlofer als feindliche Hände die Grüfte durchwühlte, hat die Mehrzahl diefer Verfchlufsplatten *(tabulae)* rückfichtslos zerbrochen und die Gräber ihres reichen Inhaltes an Münzen, Hausgeräth, Spielfachen und Aehnlichem beraubt. Was an Infchriften unverletzt geblieben, ift neuerdings theilweife von *de Roffi* im chriftlichen Mufeum des Lateran in Rom gefammelt[1]).

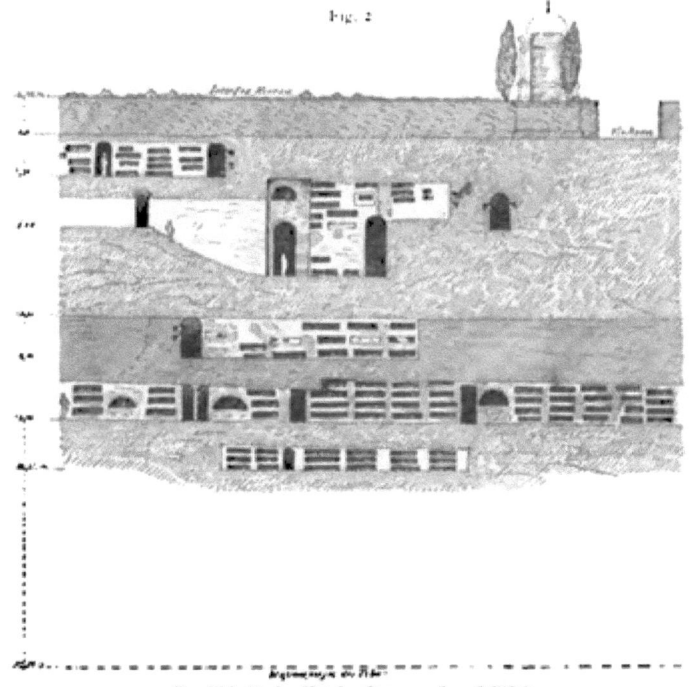

Fig. 2

Durchfchnitt der Katakomben von *San Callifto*[2]).

War aller verfügbarer Platz mit Gräbern ausgefüllt, fo grub man vielfach tiefer in den Erdboden ein und fchuf eine ähnliche Anlage in einem zweiten, ja fünften oder fechften Stockwerk *(piano)*, und bei zufammenhängenden Gebieten wurden die verfchiedenen *areae* auch unterirdifch mannigfach verbunden (Fig. 2[3]). So find die fcheinbar unentwirrbaren Labyrinthe der Katakomben von *San Callifto* an der Via Appia entftanden, deren verfchlungene Galerien fich auf urfprünglich getrennte Syfteme zurückführen laffen. Die in Fig. 2 ficht-

[1]) Sieh: Rossi, G. B. de, *Infcriptiones chriftianae urbis Romae* etc., Bd. I. Rom 1927-61. — Ferner le
fenders. Rossi, G. B. de, *Bulletino di archeologia criftiana.* Seit 1863 erfcheinend.
[2]) Nach: Kraus, F. X. *Roma fotterranea.* 2. Aufl. Freiburg 1879.

baren einfachen, rechtwinkeligen Nifchen *(loci, loculi)* waren die bei Weitem gebräuchlichfte, aber nicht die einzigfte Form der Wandgräber. Neben ihnen treten die mit gewölbten Nifchen überdeckten Gräber auf, die Arcofolien (Fig. 3).

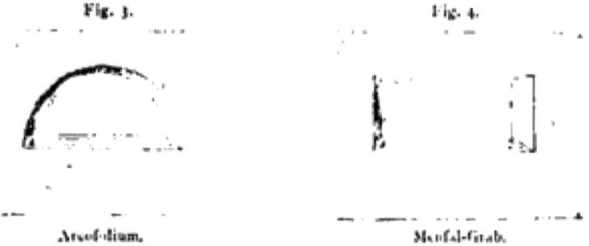

Fig. 3.   Fig. 4.

Arcofolium.   Menfal-Grab.

und, ganz vereinzelt, die *fepolcri a menfa*, letztere, ftatt mit einer halbkreis-förmigen, mit einer rechtwinkeligen Nifche verfehen (Fig. 4). Die Verfchlufs-platte liegt bei diefen Nifchen wagrecht auf dem Grabe.

2. Kapitel.

Ausftattung der Katakomben.

Die langen Reihen der Wandgräber in den Gängen der Katakomben werden häufig von fchmalen Thüröffnungen unterbrochen, welche den Zugang zu den geräumigeren Grabkammern, den *Cubicula*, bilden[3]. In ihnen treffen wir beide Gräberformen, die Loculi und die Arcofolien wieder. In diefen, bis-weilen durch einen Luft- oder Lichtfchacht *(lumi-nare)* von oben erhellten Räumen konnte fich reicher, als in den engen Corridoren die heitere Decoration an Decken und Wänden entfalten[4]. Denn nach dem Foffor, dem Gräber (Fig. 5[7]), begann der Maler in den Gängen und Kammern feine Thätigkeit. Es galt, der Gräberftadt das Anfehen von Fels- und Erdhöhlen zu nehmen, ihr den Charakter einer kunftgefchmückten, traulichen, ja heiteren Wohn-ftätte der Todten zu verleihen, die hier ja nur fchliefen, des Rufes zur Auferftehung gewärtig. In der Ausfchmückung diefer Ruheftätten kommt kein Gedanke an die Schrecken oder Grauen des Todes

Fig. 5.

Katakombengang und Foffor[5].

[3] Für die nähere Erörterung diefer und ähnlicher Namen, wie über-haupt für alle weniger die Technik, als die Archäologie berührenden Fragen muſs ich auf meine früher erfchienene Behandlung des gleichen Themas (Die altchriftliche Architektur in fyftematifcher Darftellung. Stuttgart 1875) verweifen.

[4] Es fei geftattet, die folgenden knappen Andeutungen über die malerifche Ausfchmückung der Katakomben meinem in der vorhergehenden Fuſsnote erwähnten Buche zu entnehmen.

[5] Nach Eſſenwein, A., Die Ausgänge der claſſiſchen Baukunft. (Handbuch der Architektur, Theil II, Band 3, erfte Hälfte. Darmftadt 1886.)

Fig. 6.

Deckenmalerei in *San Callisto*).

Fig. 7.

Deckenmalerei in *San Callisto*).

auf; nur frohe, unerfchütterliche Hoffnung auf Erweckung predigen die Bilder
und Sprüche an Wänden und Decken, bald im Wort, bald im fymbolifch ver-
hüllten Bild, in dem die Heilswahrheiten des alten und neuen Bundes, der
Schutz, den Gott verheifsen, die Erlöfung, die er in Wundern fchon gewirkt,
in klaren, einfachen, nur auf den Kern der Darftellung hinzielenden Scenen
gefchildert wird. Die wunderbare Errettung des Jonas oder des Daniel
oder der verfchmachtenden Ifraeliten in der Wüfte, die Auferweckung des
Lazarus, die Speifung der Fünftaufend, dies und manches Aehnliche find die
unermüdlich wiederholten Scenen, welche zugleich die kirchliche Liturgie dem
Denken immer auf das Neue einzufchärfen beftrebt war. Dabei überrafcht es

Fig. 8.

Deckenbild in *San Califto*).

uns nicht, wenn, entfprechend dem fynkretiftifchen Charakter der Cultur jener
Zeit, auch aus den niedergekämpften feindlichen Religionen fepulcral-fymbolifche
Vorftellungen fich einfchleichen, deren Grundgedanke von einem Fortleben im
Jenfeits, vom Bezwingen alles Böfen und von Aehnlichem dem Chriftenthum
verwandt erfchien. So tritt neben den guten Hirten des Evangeliums, der das
verlorene Schaf liebevoll zur Herde zurückträgt (Fig. 6), der thracifche Sänger
Orpheus, der die feindlichen Gegenfätze der Natur zu allbezwingender Harmonie
zu einen weifs (Fig. 7*).

Es ift nicht Sache des vorliegenden Halbbandes, den Inhalt der Kata-
kombenbilder auch nur andeutend zu fchildern; es mufs uns hier genügen, auf
den Gefammtcharakter der malerifchen Ausftattung hinzuweifen. Der Gefammt-

*) Nach: Garrucci, R. *Storia dell' arte criftiana etc.* Prato 1872, Bd. II.

eindruck ift zunächft überrafchend in mehr als einer Beziehung. Wir erftaunen über den Reichthum, die Anmuth, die Heiterkeit der Decoration, wohl auch gar über die eigenartige Auswahl der Motive. Wie wir die letzteren zu begreifen haben, ift oben angedeutet, und auch bei den anderen Punkten erklärt fich das Anfangs Ueberrafchende leicht, wenn wir diefe chriftliche Decorationsmalerei nicht für fich, als etwas der nichtchriftlichen Antike Entgegengefetztes oder gar Entgegenftrebendes betrachten, fondern fie als das anfehen, was fie lediglich und mit vollftem Bewufftfein war: eine ununterbrochene Fortfetzung der römifch-antiken Kunft mit ihrem Formen-Canon, ihren Gefetzen und theilweife auch ihrem Inhalt. In den antiken Grabbauten, wie fie an der Via Latina, an der Appia und fonft aufgedeckt liegen, finden wir den gleichen hellen, feftlich-heiteren Grundton, die leuchtenden Wände und Decken, die entzückende Raum-gliederung, die zarte Ornamentik, die mehr andeutende, als breit ausführende

Fig. 9.

Arcofol-Bild in San Callifto.

Schilderung, die fich oft mit einer einzigen Figur begnügt und doch darin eine ganze Gefchichte erzählt (vergl. Mofes, das Waffer aus dem Felfen fchlagend oder vor dem feurigen Bufch die Sandalen löfend, Jonas in der Kürbislaube, Chriftus den Lazarus erweckend, und Aehnliches in Fig. 6 bis 10 u. s. w.).

Das decorative Gefchick der unter den ungünftigften Raum- und Licht-verhältniffen arbeitenden Künftler entfaltete fich befonders in der Ausmalung der Decken in den *Cubicula* mit ihrer meift concentrifchen Gliederung; auch die Lunetten und Bogenlaibungen der Arcofolien wurden gern in kleinere Felder eingetheilt, desgleichen oft die Wände.

Die Ausführung ift durchweg flott, die Farbenfcala im Ganzen einfach; neben Weifs als Grund herrfcht Rothbraun für die ftark gezeichneten Conturen vor; daneben kommen Gelb, Roth, Blau und Grün zur Verwendung. Die Stuck-fchicht, mit der die Tuffwände der römifchen Cömeterien überzogen find, ift von unnachahmlicher Feinheit.

—————

*) Nach: Kraus, F. X. Gefchichte der chriftlichen Kunft. Bd. I. Freiburg 1896.

Der troſtloſe Anblick, den die Grabniſchen heute bieten, findet in der von rückſichtsloſem Fanatismus zeugenden Erſcheinung vieler Märtyrergräber und ihrer nächſten Umgebung ein Seitenſtück, wo wir den reichen Bilderſchmuck der

Fig. 10.

Wand eines *Cubiculum* in *San Calliſto*.

Arcoſol-Lunetten und -Wände vernichtet ſehen, nicht durch die Hände reliquien-ſuchender Pilger, ſondern der Chriſten der erſten Jahrhunderte ſelbſt, die, in dem Wahnglauben, dereinſt mit den Märtyrern früher als andere der Auferſtehung theilhaftig zu werden, ſich ein Grab in möglichſter Nähe der Heiligen bereiten lieſsen (Fig. 9 u. 10).

Schon ein flüchtiger Blick auf diese und ähnliche *Cubicula* mit ihren durchschnittlich etwa 10 ᵐ Bodenfläche zeigt uns, ohne daß wir anderer Beweise bedürfen, die Unhaltbarkeit der früher verfochtenen und auch heute noch hie und da auftauchenden Ansicht, die Katakomben hätten auch den regelmäßigen gottesdienstlichen Versammlungen der Christen gedient. Die ganz vereinzelt gefundenen, aus dem Tuff gehauenen Stühle oder Reste marmorner Altarschranken zeugen lediglich von der Sitte, an den Gedächtnistagen der Verstorbenen eine Gedenkfeier am Grabe, eine *missa ad corpus*, zu begehen; einer größeren Menge von Gläubigen wiederholte man diese Feier als *missa publica* auf dem freien Gelände oberhalb der Katakomben, in den *Cellae trichorae* oder anderen zur Verherrlichung des Grabes errichteten kirchlichen Gebäuden, die bald die Gestalt der städtischen Kirchen, der Basiliken, annahmen (siehe unten).

---

3. Kapitel.
Lage der bedeutendsten Katakomben.

Eine Beschreibung oder auch nur Aufzählung aller christlichen Katakomben kann nicht Aufgabe des vorliegenden Halbbandes sein. Besaß doch allein die römische Gemeinde solche Gräber-Complexe an allen Landstraßen, die von den Thoren der Aurelianischen Mauer ausgingen; ihnen schlossen sich die ebenfalls zahlreichen suburbicarischen Cömeterien, die Friedhöfe der jetzt verschwundenen Orte der römischen Campagna an.

Von den bis jetzt wieder aufgefundenen und zugänglich gemachten römischen Katakomben, deren Galerien, an einander gereiht, eine Gesammtlänge von 876 ᵏᵐ ergeben würden, gehen einzelne in ihrer Gründung sicher in den Anfang des II., andere noch in das I. Jahrhundert unserer Zeitrechnung zurück. Namen, die in der römischen Zeitgeschichte einen hellen Klang besitzen, sind hier in die Grabplatten eingemeißelt und illustriren in ungeahnter Weise die früheste Geschichte der christlichen Kirche.

Zu den ältesten Cömeterien Roms gehört dasjenige der Domitilla an der Via Ardeatina im Südwesten von Rom. Die außerordentlich umfangreiche Anlage ist aus dem allmählichen Zusammenschluß ursprünglich privater Grabstätten, die zu Gemeindefriedhöfen erweitert wurden, entstanden. Noch stehen die Trümmer des ehemals reich geschmückten Eingangsraumes; besonders schöne Malereien des I. Jahrhundertes schmücken die Gänge; die Inschriften erzählen vom Eindringen des neuen Glaubens in die Familie des Kaisers, die *gens Flavia*. Auch das architektonisch interessante *Cubiculum* des Ampliatus, ursprünglich ein gesondertes Familiengrab, ist mit diesem Cömeterium später verbunden.

Eine kurze Wanderung weiter ostwärts bringt uns an die Via Appia, die Königin der Straßen, wie das Alterthum sie ob ihres reichen Kranzes von Grabmonumenten nannte. Mitten zwischen die Mausoleen der republikanischen und der Kaiserzeit mischen sich hier die christlichen Cömeterien mit oberirdischen Cellen und ausgedehnten, bis zu fünf Geschossen tiefen Krypten in reichster Verschlingung. Das Cömeterium von *San Callisto*, nach dem Papst dieses Namens genannt, der Anfang des III. Jahrhundertes vor seiner Bischofswahl die Verwaltung dieser Anlage in Händen hatte, ist besonders durch die sog. Papst-

Krypta ausgezeichnet, die Begräbnißftätte verfchiedener Bifchöfe des III. Jahrhundertes. Papft *Damafus*, dem die Katakomben zahlreiche Reftaurationen

Fig. 11.

Fig. 12.

Papft-Krypta in *San Callifto*).

Papft-Krypta in *San Callifto*).
Reftauration.

verdankten, hat fie im IV. Jahrhundert reich gefchmückt. (Fig. 11 u. 12.) — Ein architektonifch befonders decorirtes, ausnahmsweife ganz ausgemauertes und mit Marmor incruftirtes *Cubiculum* enthält, *San Callifto* gegenüber, an der

Fig. 13.

Katakomben auf Melos[?].

Offeite der Via Appia, das Cömeterium des *Prätextatus*, in der fog. *Crypta quadrata*. — Während dies Cömeterium noch zum großen Theile der Durchforschung harrt, find dagegen vollftändig wieder vom Schutt befreit die Katakombe von *Sant' Agnefe* und das *Coemeterium Oftrianum* an der *Via Nomentana*, fo wie theilweife

Santa Priscilla an der Via Salara nuova, mit den Gräbern der *Acilii Glabriones* und Malereien des I. Jahrhundertes (u. A. die bis jetzt bekannte ältefte Darftellung der Madonna mit dem Kinde [19]).

8. Andere Katakomben.

In baulicher Hinficht find von den römifchen Cömeterien die übrigen bis jetzt bekannt gewordenen, die Katakomben von Neapel, auf Sicilien, in Alexandrien, auf Melos (Fig. 13[19]) und an anderen Orten unterfchieden. Der Grund der Differenz liegt wefentlich in der Verfchiedenheit des Materials. Der härtere Steintuff im Hügelrücken von Capodimonte bei Neapel, der harte Kalkftein der Achradina von Syrakus geftatten ganz andere Abmeffungen der unterirdifchen Gänge und *Cubicula*, als wie fie in dem Körnertuff der römifchen Campagna möglich waren. Die noch in das I. Jahrhundert zurückreichenden Katakomben von *San Gennaro* zu Neapel (Fig. 14), die in zwei Stockwerken übereinander unmittelbar nach dem Bergabhang fich öffnen, betreten wir durch

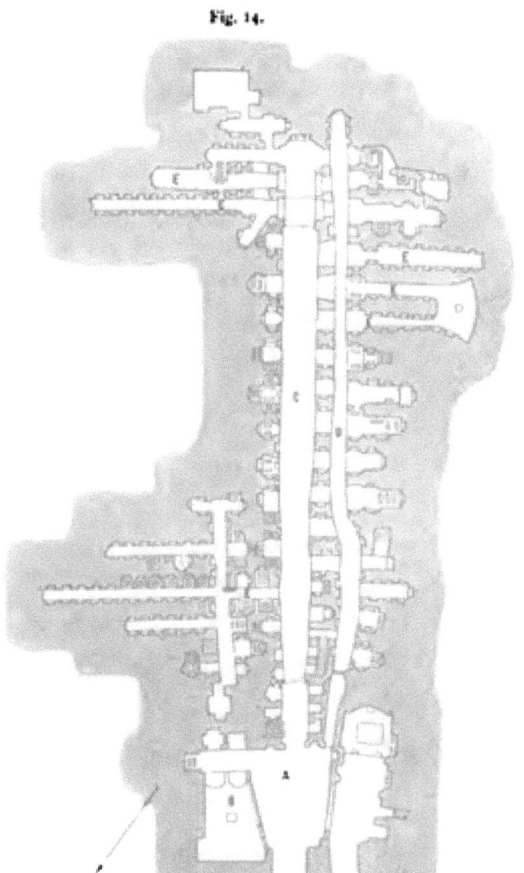

Fig. 14.

Katakomben zu Neapel [19].

[19] Zur Literatur und Befchreibung der übrigen Katakomben vergl. befonders: SCHULTZE, V. Die Katakomben. Leipzig 1882 — ferner: KRAUS, F. X. *Roma fotterranea*, 2. Aufl. Freiburg 1879 — weiter: Realencyklopädie der chriftlichen Alterthümer. Freiburg 1886 — endlich: ARMELLINI, M *Gli antichi cimiteri criftiani di Roma e d' Italia*. Rom 1893.
[19] Nach: SCHULTZE, a. a. O.

weite Vorhallen, von denen die etwa 90 ᵐ langen, zwifchen 4 und 10 ᵐ breiten Galerien, im unteren Gefchofs noch von einer fchmalen Seitengalerie begleitet, ausgehen. Die Wände diefer Hauptgänge, wie die der rechtwinkelig anftofsenden Nebencorridore und der *Cubicula* find, im Gegenfatz zur römifchen Vorliebe für *Loculi*, mit Arcofol-Gräbern reich verfehen.

4. Kapitel.

Anlagen oberhalb der Katakomben.

Es bedarf kaum der befonderen Betonung, dafs nicht blofs der Raum unter der Erde, fondern auch die Fläche der Area felbft für die Zwecke des Cömeteriums ausgenutzt wurde. Nach Art moderner Friedhofsanlagen wurden hier die Gräber in den Boden eingefenkt; Tuff, Ziegel oder dünne Haufteinplatten bildeten das Material der Wände; aus Marmor wurden Boden und Deckplatten hergeftellt; auch fpitzbogige Uebermauerungen kommen vereinzelt vor. Das Bedürfnifs, den Raum auszunutzen, führte dazu, mehrere Gräber, manchmal bis

9. Bautes der Area.

Fig. 15.

Cella trichora und oberindifche Gräber an der Via Appia bei Rom[15].

zu 10 und mehr, unter einander anzulegen, oft in doppelter Breite und mit lothrecht eingeftellten Marmorplatten zur Sonderung der Leichname. Die Infchriften befanden fich im Innern diefer *formae* (Fig. 15[17]).

An anderen Orten wurden Stein-Sarkophage, die für gewöhnlich frei ftanden, in den Erdboden eingelaffen, fo dafs nur der fchwere Deckel wie eine Grabplatte über das Niveau des Friedhofes hinaufragte. Gräberfelder diefer Art find durch die Ausgrabungen der letzten Jahre in Manaftirine bei Salona in Dalmatien, in Porto Gruaro (Julia Concordia) im Venezianifchen, in Syrien und fonft bekannt

[16] Nach: Kraus, a. a. O.

Handbuch der Architektur. II. 3. a. (2. Aufl.)   2 geworden. Bäume überfchatteten diefe Gräberreihen; als Garten wird die ganze Anlage in Infchriften gern bezeichnet.

Zur Ausgeftaltung des architektonifchen Eindruckes der Area trugen endlich die über frei ftehenden Sarkophagen errichteten Tegurien, vierfäulige Tabernakel, und die *Tegulatae*, d. h. Säulenhallen, bei, die an der Innenfeite der die Area umgrenzenden Mauer fich hinzogen oder andere auf den Cömeterien fich erhebende Bauten umkränzten. Von diefen Freibauten, den Maufoleen, Cellen und Bafiliken, wird unten die Rede fein; hier erübrigt nur noch die Bemerkung, dafs befonders auch der Eingang zu den unterirdifchen Cömeterien, der *introitus ad martyres*, nicht etwa ängftlich den Augen der Andersgläubigen entzogen, fondern reich gefchmückt zu werden pflegte; auf ein Beifpiel bei den Domitilla-Katakomben ift fchon oben hingewiefen worden.

B. Kirchenbau.

I. Einleitendes.

5. Kapitel.

Antike Basilika.

Die chriftlichen Gemeinden der erften Jahrhunderte, die ihre Todten in den eben gefchilderten, umfangreichen, in die Reihe von Kunftfchöpfungen zu zählenden Grabanlagen beftatteten, haben nicht minder für ihre kirchlichen Bedürfniffe, fobald die Mittel verfügbar waren, die Kunft, und in erfter Linie die Architektur, in ihren Dienft gezogen. Seitdem, wie einleitend hervorgehoben, fpätere Generationen das in der Frühzeit Gefchaffene durch Neues erfetzt haben, müffen für erfteres die Schriftquellen reden, muß der Umftand, daß um die Wende des III. und IV. Jahrhundertes ein Typus überall feft fteht, durch Rückfchluß auf die für die Schöpfung eines folchen Typus nothwendig vorangegangene Entwickelung uns zu einem Bilde der letzteren verhelfen.

In den Häufern der Gläubigen und in Verfammlungsräumen mancherlei Art finden wir in der Apoftel-Zeit und noch darüber hinaus die chriftlichen Gemeinden zum Gottesdienft vereint; ihr Wachsthum machte den Befitz felbftftändiger Cultgebäude alsbald zur Nothwendigkeit.

Die einfache, ungegliederte Anlage des Saales, in welchem die flache Decke fich ohne Zwifchenftützen von einer Wand zur anderen fpannte, mag Anfangs häufig genügt haben; dem Bedürfniß nach weiter gedehnten Räumen bot fich dann ein feit Jahrhunderten in der ganzen griechifch-römifchen Culturwelt eingebürgertes, erprobtes Vorbild dar: das Schema der Bafilika, das die Profanbaukunft zu den mannigfachften Zweckbeftimmungen fortwährend verwendete. Aus einem Bedürfnis des öffentlichen Lebens war die antike Bafilika erwachfen, als eine Erweiterung des allen zugänglichen Platzes, des Forums. »Ut ampliaretur forum«, fo bezeichnet *Cicero* einmal die Beftimmung der Bafilika [13]), während *Vitruv* das die Bafilika vom Forum, d. h. die gedeckte Halle vom offenen Platz unterfcheidende Charakteristicum in den Worten erläutert: »es follen fich die Handeltreibenden im Winter, um den Unbilden der Witterung zu entgehen, in die dem Forum angebauten Bafiliken begeben können« [14]). Aber die Handeltreibenden waren nicht der einzige Stand, deffen Bedürfniffen die Halle diente;

---

[13]) Cic. ad. „Mtic. IV, 16.
[14]) Vitr. de archit. lib. V. cap. I: ut per hiemem fine molefta tempeftatum fe conferre in eas cïvil. befitores (?) et adjunctas negotiatores poffint.

2*

Fig. 16.

Basilica Ulpia zu Rom. — Inneres [19].

vor Allem der Rechtſprechung wurde hier ein geſchützter, vom Lärm der
Straſse abgeſonderter Raum geboten in Form eines Anbaues, der ſich an eine
Schmalſeite der oblongen Baſilika anlehnte.

Dieſer apſidal oder quer oblong gehaltene Annex umſchloſs das erhöhte
Podium des Tribunals, die Stätte des Richters und ſeiner Beiſitzer.

Ein unmittelbarer Zuſammenhang mit dem Hauptraum war nicht nur nicht

Fig. 17.

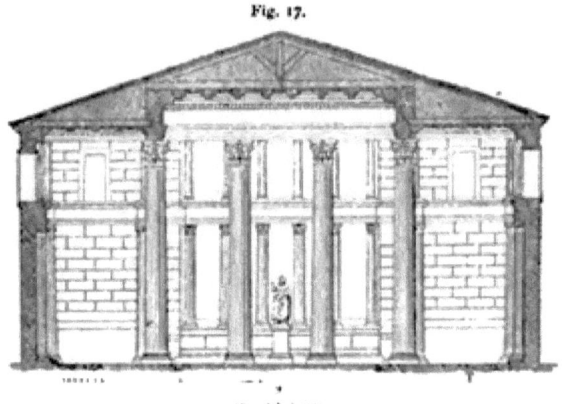

Querſchnitt [**].

Fig. 18.

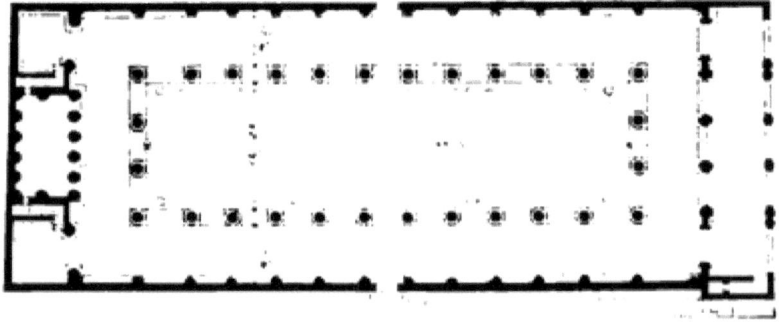

Baſilika in Pompeji.

erforderlich, ſondern nicht einmal wünſchenswerth; hier das Gerichtslocal, dort
Börſe und Markthalle. Daher ſind um den weiten, hohen Saal der letzteren die
ſchmalen Seitenhallen rings herumgeführt; auch vor der Apſis des Tribunals
wird die Säulen- oder Pfeilerreihe der Schmalſeite nicht unterbrochen. Dieſen
ſeitlichen Portiken wird gern noch eine obere Halle hinzugefügt; bisweilen
werden auch jederſeits zwei Seitenhallen ſtatt einer, und ſelbſt dieſe noch mit

*) Nach: Canina, L. Gli edifizi di Roma antica. Rom 1843—52.
**) Nach: Denkmäler der Kunst. Stuttgart 1866.

Emporen rings um den Mittelraum geführt[17]), so dafs im Grundrifs eine fünf-schiffige Anlage entsteht.

17.
Beispiele,

Für den Aufbau und Querschnitt charakteristisch bleibt die selbständige, unmittelbare Lichtzufuhr des mittleren Raumes mittels seitlicher Oberfenster und die dadurch bedingte Ueberhöhung dieses Raumes über die Seitenräume (Fig. 16[17]).

Dies ist das Grundschema der Basilika, wie es *Vitruv* (V, 1) uns beschreibt und die Ruinen es in Einzelheiten bestätigen. Eine völlig erhaltene antike Basilika steht uns nicht mehr vor Augen, und die Regel bestätigende Ausnahmen z. B. in der Deckenanordnung, d. h. Fortfall der Ueberhöhung, brauchen, bei-spielsweise bei der Basilika zu Pompeji, nicht *a priori* geleugnet zu werden (Fig. 17 u. 18[18]). Vereinfachung der Zweckbestimmung des Baues, wie die Ueber-

Fig. 19.

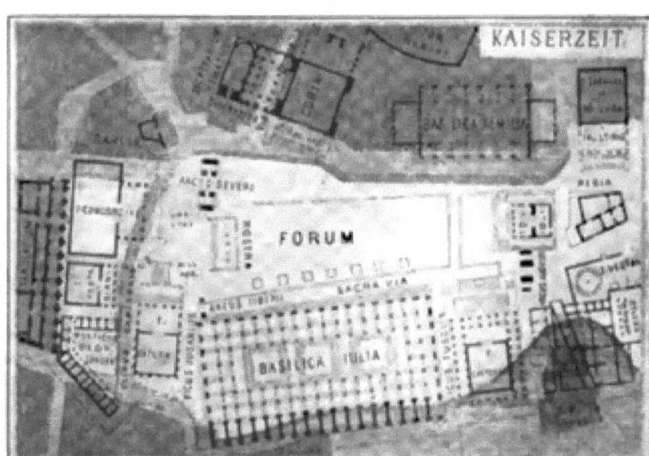

Forum und *Basilica Julia* zu Rom[19].

weisung desselben lediglich an den Geschäftsverkehr, machte den Anbau des Tribunals entbehrlich (*Basilica Julia* in Rom, Fig. 19[19]); enge Verbindung mit einem Sacralbau gebot das Anfügen eines Tempelraumes (*Vitruv*'s Basilika in Fanum); bei beschränkteren Verhältnissen wieder genügte die ungegliederte Anlage des Saales ohne Deckenstützen, mit angebauter Gerichtsstätte (Timgad in Numidien, Fig. 20[19]).

Wo der Raum es gestattete, ward zur Erleichterung der Communication mit der offenen Area des Forums eine der Langseiten der Basilika dem letzteren zugekehrt (*Basilica Julia, Aemilia, Ulpia* zu Rom, Basilika zu Timgad); in anderen

[17]) In dieser Weise werden, allerdings hypothetisch, allgemein die *Basilica Ulpia* auf dem Trajans-Forum und durchgängig auch die *Basilica Julia* am Forum in Rom restaurirt.

[18]) Nach: Hülsen, Ch. Das Romanum. Rom 1897.

[19]) Nach: Boeswillwald, E. & R. Cagnat. Timgad etc. Paris 1905.

Fällen mußten die Haupteingänge an die Schmalseite gegenüber dem Tribunal verlegt werden (Basilika zu Pompeji). Die übrigen Seiten konnten gleichfalls theils nach außen sich öffnen *(Ulpia)*, theils mit Nebenräumen *(Tabernen* etc.) umbaut werden *(Basilica Julia* in Rom, Basilika zu Timgad).

Die Gewohnheit an die im öffentlichen Leben eingebürgerte Form, wie der architektonische Reichthum der Anlage mögen die Aufnahme dieser basikalen Räume in die Paläste der Reichen und Vornehmen befürwortet haben. Gleich den ihnen außerordentlich ähnlichen, mit Säulenreihen gezierten »ägyptischen Oeci« schmückten diese »Privatbasiliken« nach *Vitruv's* und Anderer Erzählung und nach Ausweis der Monumente alsbald die reicheren *domus,* in Rom besonders seit Beginn der glanzvollen Kaiserzeit.

Hier war die Bestimmung dieser Räume, den Pflichten der Repräsentation,

17.
Privat-
Basiliken.

Fig. 20.

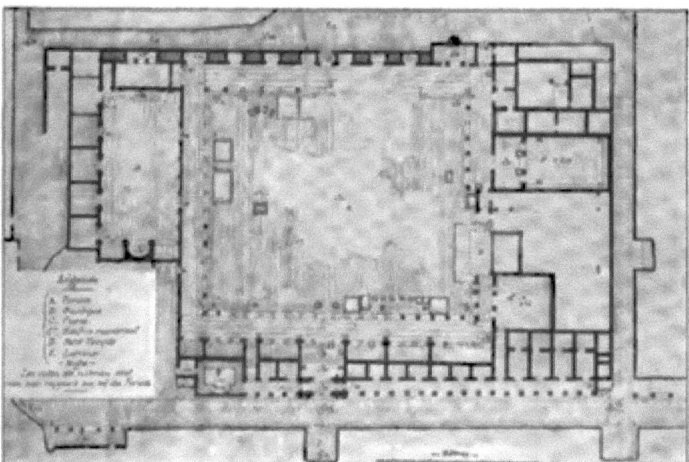

Forum und Basilika zu Timgad [19].

Empfängen und Gerichtssitzungen zu dienen [20]); hier bildete deshalb die Apsis mit ihrem Podium in weit höherem Maße, als bei den forensen Basiliken, einen integrirenden Bestandtheil des Inneren; hier verzichtete man deshalb absichtlich auf jene Art der Trennung von Basilika und Tribunal, wie sie bei den forensen Anlagen durch das Herumführen der Seitenschiffe auch an den Schmalseiten hervorgerufen war. Aus der, so zu sagen, concentrischen Gliederung des Raumes ward hier eine parallele Längsgliederung; ein breites Mittelschiff wird auf den Langseiten von je einem Seitenschiff, mit oder ohne Emporen, begleitet; der Haupteingang liegt der Apsis gegenüber.

Einen solchen im Grundriß basilikal gestalteten, im Aufbau nicht ganz sicher zu reconstruirenden Raum besitzt der Flavische (Augusteische?) Palast auf dem Palatin. Je neun Säulen, die wohl Emporen oder eine obere Colonnade trugen, scheiden einen breiten Mittelraum von zwei schmalen Seitenräumen;

[20] Vitruv, VI, 5.

gegen den erfteren öffnet fich an der einen Schmalfeite eine mächtige Apfis mit eingebautem Podium. In ihrer Nähe ziehen fich Marmorfchranken quer durch den oblongen Raum (Fig. 21 u. 22).

Die Aehnlichkeit mit der fpäteren kirchlichen Bafilika fpringt in die Augen. Und doch ift das Verhältnifs diefer zur Palaft-Bafilika nicht dasjenige unmittelbarer Abftammung; die letztere ift nicht als Mutter jener erfteren zu bezeichnen,

Fig. 21.

Anficht.

Fig. 22.

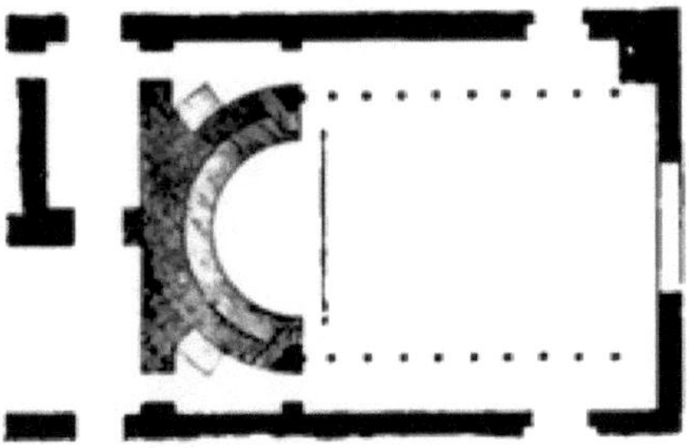

Bafilika im Flavier-Palaft zu Rom.
Grundrifs, ⅟₁₀₀ w. Gr.

fondern beide find gleichfam als Schweftern anzufehen, als gleichgradige, wenn auch nicht gleichalterige Abkömmlinge der forenfen Bafilika; es find zwei einander ähnliche Arten einer großen Gattung. Die Thatfache, dafs hie und da eine Ueberweifung von Palaft-Bafiliken an chriftliche Gemeinden ftattgefunden hat, wie dies u. A. die den älteren Kirchen öfter anhaftenden Namen der ehemaligen Palafteigenthümer beweifen, ift damit fo wenig von der Hand gewiefen, wie die Behauptung, daß vereinzelt auch öffentliche Bafiliken von den Chriften für ihre Cultuszwecke erworben und ihnen dienftbar gemacht find; nur muß mit Entfchiedenheit der früher verbreitet gewefenen Anficht entgegengetreten werden, es fei die chriftliche Bafilika in ganz unmittelbarer Abftammung lediglich aus der einen oder der anderen Art hervorgegangen. Ihre Schöpfer waren Eklektiker, die aus einem reichen Vorrath einander verwandter Bauten das Zweckentfprechendfte gewählt und in Anpaffung an die neuen Cultusforderungen zu einem harmonifchen Ganzen ausgeftaltet haben. Die Aehnlichkeit der Beftimmung (Aufnahme einer großen Verfammlung zum Zwecke der Anfprache etc.) erzeugte die nahe architektonifche Verwandtfchaft, z. B. mit der Hausbafilika.

Die früher häufig und von verfchiedenen Gefichtspunkten aus verfochtene Thefe von der Herleitung der chriftlichen Bafilika aus beftimmten Räumen des antiken Wohnhaufes, z. B. aus dem Atrium oder Periftyl (die erftere Anficht zur Zeit befonders von *Dehio*, die letztere von *V. Schultze* vertreten), kann hier ohne Gefahr für den Umfang diefes Halbbandes nicht weiter befprochen werden. Ich verweife für das Nähere auf die Auseinanderfetzungen in meiner unten genannten Schrift[*]).

6. Kapitel.
Schema der chriftlichen Bafilika.

*). Anlage der chriftlichen Bafilika.

Bei aller Gleichmäßigkeit des Grundfchemas war der altchriftliche Kirchenbau doch weit entfernt von irgend welcher ftarren Gebundenheit. Im Grundriß, Aufbau und in der Einrichtung tritt uns eine reiche Variation innerhalb des gleichen Themas entgegen. Da es die Aufgabe des vorliegenden Halbbandes ift, den altchriftlichen Kirchenbau in feinen charakteriftifchen Haupterfcheinungen darzulegen, ihn auf hiftorifcher Grundlage in feinen bedeutendften Vertretern vorzuführen, fo muß auf eine rein fyftematifche Darftellung feines gefammten Inhaltes verzichtet werden und diefer vielmehr in feinen fpecififchen Erfcheinungen bei Befprechung der einfchlägigen Monumente felbft zur Darftellung kommen.

Für die rein fyftematifche Betrachtungsweife fei hier auf mein unten genanntes Buch[**]) verwiefen, worin ich den Verfuch gemacht habe, befonders auch die archäologifchen Grundlinien des Themas zu ziehen. Als in die Einzeldarftellung einleitend mögen deshalb hier die folgenden knappen Grundzüge genügen.

Die chriftliche Bafilika zerfällt inhaltlich und formell in zwei Theile: Langhaus und Presbyterium (Chor nach mittelalterlichem Ausdruck). Das Presbyterium hat die im Grundriß halbkreisförmige, im Aufbau mit einer Halbkuppel abgefchloffene Geftalt der Apfis oder Exedra. Es ift die Stätte der Geiftlichkeit, des Bifchofs, der Presbyter und Diakonen, das „Heilige" *(Sanctuarium)*, der den Laien verfchloffene Raum *(Adyton, Abaton)*, welcher nach der fchon in der Antike für die Apfiswölbung gebräuchlichen Mufcheldecoration auch wohl *Concha* genannt wird, wie man auf ihn desgleichen, wegen feiner formalen Verwandtfchaft mit dem Annex der forenfen Bafilika, die Bezeichnung *Tribunal* oder *Tribuna* zu übertragen pflegt. Auch als *Bema* wird die Apfis bezeichnet, da fie, auf wenigen Stufen erfteigbar, über das Niveau des Langhaus-Paviments empor-

*) Kunfthiftorifche Studien. Tübingen 1886. S. 1—40.
**) Die altchriftliche Architektur in fyftematifcher Darftellung. Stuttgart 1888.

ragt. Erft fpäter, als der Sängerchor, der Anfangs im Langhaufe ftand, hier
feinen Platz erhielt, bürgerte fich die noch jetzt übliche Bezeichnung *Chorus
(fcil. pfallentium)* ein. Endlich deutet der Name *Altarium* an, daſs hier, an der
Grenze von Gemeinde- und Priefterraum, der Altar feinen Platz hatte.

Drei oder auch fünf groſse Fenfter in der Apfismauer gewährten reichlichen
Lichteinlaſs. Und zwar follte das aufgehende Tagesgeftirn durch die Fenfter des
Presbyteriums leuchten, ein Wunfch, der, entgegen der Praxis des antiken
Tempelbaues mit der nach Often gerichteten Eingangsthür, fchon im III. Jahrhundert zur Vorfchrift der »Orientirung« der Kirchen führte. Im Anfang allerdings, und auch fpäter noch in Folge örtlicher Bedingtheit, find die Ausnahmen
faft fo zahlreich, wie die Beifpiele nach der Regel.

Als eine faft regelmäfsige Ergänzung erfcheinen neben der Apfis, an den
Enden der Seitenfchiffe des Langhaufes, kleinere rechteckige oder apfidale
Nebenräume *(Conchulae)*, von denen der eine als Sacriftei *(Diaconicon)*, der
andere als *Prothefis* diente, d. h. zum Darbringen und Zubereiten der Abendmahlsgaben, Brot und Wein, die anfänglich von den Gemeindegliedern felbft
zur Feier des Herrnmahles dargebracht wurden. Ein in der ganzen Breite des
Raumes fich öffnender Eingang zeichnet die *Prothefis* vor dem fonft gleich
geftalteten *Diaconicon* mit feiner kleineren Thür aus.

Das im Mittelalter faft unerläfsliche Querfchiff zwifchen Langhaus und
Apfis kennt die altchriftliche Zeit nur in verfchwindenden Ausnahmen. Seine
Entftehung verdankt es wohl dem Wunfche nach würdevollerer, reicherer Aus-
geftaltung des Priefterraumes, als wie fie in der Regel durch die Apfis mit ihren
Nebenräumen und den durch Schranken etwa vom Langhaus noch entliehenen
Raum geboten war.

Dem Presbyterium fteht das in der Längenrichtung durch parallele Frei-
ftützenftellungen in ein breiteres Mittelfchiff und zwei oder bisweilen auch vier
Seitenfchiffe gegliederte Langhaus gegenüber. Einfchiffige Kirchen bilden im
erhaltenen Monumentenfchatze verfchwindende Ausnahmen; ja, fo ftark war die
Gewohnheit der Bafilika, daſs auch aus der Antike übernommene, urfprünglich
einfchiffige Bauten, wie der Saal des *Palatium Seſsorianum (Santa Croce in
Geruſalemme)* zu Rom u. a. alsbald durch Einftellung von Säulen dreifchiffig
gegliedert wurden. Emporen über den Seitenfchiffen, im Orient mit feiner
ftrengeren Praxis in der Sonderung der Gefchlechter als Gynäceen häufiger, find
im Abendlande nur ganz ausnahmsweife vertreten.

Als Träger der Obermauern im Mittelfchiff dienen, mit wenigen Ausnahmen in Geftalt von Pfeilern, überall die Säulen, deren Kapitell oder Bafis
wohl ein chriftliches Symbol in Form eines Kreuzes oder Monogramms fchmückt.
Das gerade Gebälke findet fich nur felten, durchgehends, wie fchon in der
römifchen fpäteren Profan-Architektur (Palaft *Diocletian's* in Salona etc.) der
Halbkreisbogen mit reicher Archivolte. — Die Fenfteranlage in den Obermauern
des Mittelfchiffes war aufserordentlich reich; in der Regel entfprach ein hohes,
weites, rundbogiges Fenfter, mit durchbrochener Marmorplatte *(Tranſenna)* als
Verfchluſs, je einem Intercolumnium der Mittelfchiff-Arcaden. Erft die fpätere
Zeit, die Glasverfchluſs ftatt Marmorplatten verwendete, hat diefe zahlreichen
Fenfter oft bis auf zwei oder drei auf jeder Seite vermauert. An den Aufsen-
feiten ift der ehemalige Zuftand oft noch heute erkennbar. Als Beifpiele mögen
San Giovanni e Paolo in Rom (Fig. 23) und *Sant' Apollinare in Claſſe* bei Ravenna
(fiehe unten) dienen.

Desgleichen find die Fenfter in den Seitenfchiffmauern durchgängig erft der fpäteren Sitte, Capellen anzubauen, zum Opfer gefallen; die von fpäteren Zuthaten unberührten Ruinen des Oftens bewahren fie noch heute.

Ueber alle Innenräume fpannt fich eine flache Decke, meift caffettirt und polychromirt; der offene Dachftuhl, fpäter die Regel, war Anfangs offenbar eine Ausnahme. Das mit Ziegeln gedeckte Satteldach ift, wie die Pultdächer über den Seitenfchiffen, fanft geneigt; eine Abwalmung kennt erft das Mittelalter.

Auf den Hauptbau bereitet zum mindeften eine Vorhalle, anfänglich vielfach ein rings von Hallen umzogener Vorhof, das Atrium, vor, in deffen Mitte fich ein Brunnen, der Cantharus, oft mit einem Dach auf Säulen gefchmückt, befindet.

Fig. 23.

San Giovanni e Paolo zu Rom. — Aeuferes.

Das Eingangsthor zum Atrium wird gern architektonifch bedeutfam hervorgehoben als mächtiges Propyläon, auf das, nach des *Eufebius'* Worten: „die Blicke der Andersgläubigen hingelenkt und diefe fchon um des überrafchenden Wunderwerkes willen zum Eintritt bewogen werden."

Bei befonders reichen Kirchen endlich hat der Wunfch nach völliger Abfonderung des Hauptbaues von aller profanen Umgebung bisweilen, ähnlich wie vereinzelt beim antiken Tempel (Apollo-Tempel in Pompeji, Venus- und Roma-Tempel in Rom, Tempel in Aizani, Baalbek etc.) zur Anlage eines freien Platzes *(Temenos; Peribolos)* rings um die ganze Kirche geführt; Hallen umfäumten ihn, Bauten verfchiedener Art, Bäder, Hofpize u. A. fchloffen fich ihnen an.

Für die Ausftattung des Inneren der Bafilika hat zwar von Anfang an keine bindende Norm beftanden; aber die Erforderniffe des Cultus haben gleichwohl alsbald die Aufnahme beftimmter immobiler Utenfilien unerläßlich gemacht.

Am Halbrund der Apfis entlang ziehen fich die Bänke der Priefter hin; in ihrer Mitte erhebt fich, ftufenerhöht, die Cathedra des Bifchofs. Wie diefe in der Längenaxe des Baues, aber gegen die Grenze des Presbyteriums vorgefchoben, fteht der Altar, im Anfang ein einfacher, hölzerner oder fteinerner Tifch, an den

Fig. 24.

San Clemente zu Rom. — Innere[22].

der amtirende Priefter von der Apfis aus unmittelbar herantrat, das Antlitz der Gemeinde zugewendet. Erft als die Sitte aufkam, die Leichname der Märtyrer in der Kirche zu bergen, wurde der Altar zum Reliquienbehälter. Die Wandelung des Tifches mit frei ftehenden Füfsen zur gefchloffenen *Arca* läfst fich an den Denkmälern noch verfolgen. Als endlich auch Partikel von Leichnamen als Reliquien Geltung erhielten, genügte oft eine Aushöhlung in der Tischplatte (*Mensa*) des Altars.

Das Ciborium, ein Dach auf Säulen, zwischen welche koftbare Vorhänge gespannt waren, überragte vielfach den Altar, während Schranken *(Cancelli)*, bisweilen unter Hinzufügen einer Säulenreihe mit verbindendem Gebälke und koftbaren Aufsätzen, die Grenze des Presbyteriums gegen den der Gemeinde zugewiesenen Theil des Langhaufes bezeichneten. Ebenfalls durch Schranken, deren durchbrochene oder mit fculpirten Feldern verfehene Platten zwischen Pfoften eingelaffen waren, wurde öfter im Mittelfchiff noch ein befonderer Platz für die Sänger abgegrenzt, die *Schola cantorum*, wie fie in mittelalterlicher Wiederherftellung in römifchen Kirchen noch erfcheint (Fig. 21 [1]). Hier fanden auch die Ambonen ihren Platz, hohe marmorne Podien mit Brüftung und Lefepult, von denen herab Evangelium und Epiftel verlefen und fpäter auch gepredigt wurde, feitdem bei wachfenden Raumverhältniffen und zunehmendem Altarfchmuck die Predigt von der Cathedra in der Apfis erfchwert worden war.

Zeigt fich bei den genannten Ausftattungsftücken noch die Hand des Bildhauers wenigftens in Relief-Arbeiten, fo wurde dagegen die gefammte übrige Ausfchmückung des Kircheninneren dem Maler und vornehmlich dem Mofaiciften überlaffen. In linearen Muftern war das Paviment aus koftbaren Steinen polychrom zufammengefetzt, in der Art des fog. *Opus Alexandrinum*, wie es in mittelalterlichen Reftaurationsarbeiten römifche Kirchen noch heute vielfach zeigen. Aehnliche Mufter füllen bisweilen auch die Zwickel zwifchen den Archivolten des Mittelfchiffes, während darüber, in der breiten Zone unter den Fenftern, fo wie zwifchen und über den letzteren die Figurencompofition Platz greift, bald in einzelnen Scenen des alten und neuen Teftamentes, bald in würdevollen Einzelgeftalten oder feierlichen Proceffionen von Heiligen.

Reicher Figurenfchmuck ziert auch die Wand über dem Apfisbogen und, bei Kirchen mit Querfchiff, die Mauer über dem weiten Durchgangsbogen zu letzterem; beiden Bogen war der Name Triumphbogen eigen. Ein hervorragender Platz endlich war die Wölbung der Apfis, von deren Goldgrund feierlich ernft die Geftalt des Erlöfers, von Apofteln und Heiligen umgeben, herniederfchaut.

Diefer reiche, vielfarbige Eindruck des Inneren wurde noch durch die koftbaren Vorhänge in den Arcaden, die gold- und farbenftrahlende Caffettendecke ergänzt und gehoben und mufste vollends blendend wirken bei abendlicher Beleuchtung, wie fie geradezu verfchwenderifch hervorgerufen wurde durch die zahlreichen Ampeln, Kronen und Candelaber aus koftbarem Material, welche die Schriftfteller nicht müde werden, als reiche Stiftungen von Fürften und Bifchöfen aufzuzählen.

Weit mehr als das Innere ift bei den noch erhaltenen altchriftlichen Bauten des Abendlandes das Aeufsere fpäteren Veränderungen unterworfen gewefen. Prunkvolle Façaden, zumeift des Barockftils, verkleiden jetzt die Frontfeiten der Bafiliken; der Chor ift bei vielen vollftändig umgebaut, und die Langfeiten find mit Capellenreihen dicht befetzt und zudem durch fpäteren Anbau von Baulichkeiten dem Auge oft völlig entzogen und fo der Nothwendigkeit architektonifchen Schmuckes enthoben worden. Die Reconftruction des Aeufsern altchriftlicher Bafiliken ift dadurch aufserordentlich erfchwert; doch berechtigt uns nichts zu der oft fälfchlich geäufserten Anficht, der Aufsenbau fei gegenüber

15.
Aeufseres.

---

[1] Nach: KRAUS, a. a. O.

der Pracht des Inneren abfichtlich vernachläffigt worden; im Gegentheil, die Ausfagen zeitgenöffifcher Autoren heben die reiche Wirkung gerade auch des Aeufseren nachdrücklich hervor. *A priori* dürfen wir annehmen, dafs die römifche Gewohnheit, den Ziegelkern der Bauten zu incruftiren oder zu übertünchen, auch bei den kirchlichen Bauten Anfangs in Geltung geblieben ift, bis fich, an den erhaltenen Bauten zuerft in Ravenna nachweisbar, Verfuche herausbilden, den Ziegelbau dem Auge unverhüllt zu zeigen, ihn aber durch leichte architektonifche Gliederung (Lifenen, Blendbogen, Stromfchichten etc.) zu beleben.

In den Ländern des reinen Haufteinbaues aber werden wir überall einer dem Inneren vollkommen gleichwerthigen Behandlung des Aeufsern der Kirchen begegnen.

Die in Vorftehendem kurz charakterifirte Gefammtanlage des altchriftlichen Kirchenbaues hat bezüglich des Grundriffes und Aufbaues zunächft nur die numerifch überwiegende Gruppe der Langbauten berückfichtigt. Es ift fchon betont, dafs neben ihnen fich früh der Gedanke des Centralbaues gemeldet hat, der, wenn auch im Durchfchnitt mehr für beftimmte Zwecke (Taufe, Grabanlage u. A.) aufgehoben, doch auch für Kirchen felbft verwendet wurde; fchon im IV. Jahrhundert ward, um nur dies zu erwähnen, die grofse Kirche zu Antiochia als Octogon gegründet. Das Beherrfchende aber wurde im ganzen Gebiet der Kirche, und zwar Anfangs auch im Orient, der Bafilikenbau, und fo grofs war feine Macht, dafs er auch andere Anlagen in feinen Bereich zog, die nach ihrer Beftimmung gerade jener andern Gruppe, dem Centralbau, hätten zufallen follen: die Cömeterialkirchen, d. h. die aufserhalb der Städte über den Gräbern erbauten Gedächtnifskirchen. Nur zwei der bedeutendften, St. Peter in feiner ehemaligen Geftalt und St. Paul bei Rom brauchen hier genannt zu werden, um die dominirende Stellung der Bafilika fchon im Beginn des IV. Jahrhundertes zu zeigen.

II. Denkmäler.

7. Kapitel.

Abendland.

a) Römifche Gruppe.

1) Bafiliken.

10. Architekt. Monumente.

Wenn wir eine Mufterkarte der verfchiedenen Variationen des Bafilikenbaues fuchen, werden wir in Rom am eheften befriedigt werden. Der dreifchiffige Normaltypus ift auch hier am häufigften vertreten; zugleich aber fehen wir hier die Kirche der Frühzeit mit den glanzvollen Profanbauten ähnlicher Anlage an Weiträumigkeit und Höhe wetteifern; fünffchiffige Bafiliken find hier in den gröfsten Abmeffungen vertreten; das feltene Querfchiff zeigt fich hier zuerft und faft ausfchliefslich; und endlich hat hier auch ein dem Often entnommenes Motiv, die Emporenanlage über den Seitenfchiffen, wenn auch nur als Ausnahme, Anklang gefunden.

Eine detaillirte Gefchichte der in ihrer Gründung oft unficheren und aus vielfacher fpäterer Reftauration häufig nur hypothetifch reconftruirbaren Bauten ift nicht Sache der vorliegenden Darftellung, hier mufs es uns genügen, das ficher Erkennbare und Wefentliche zu betrachten.

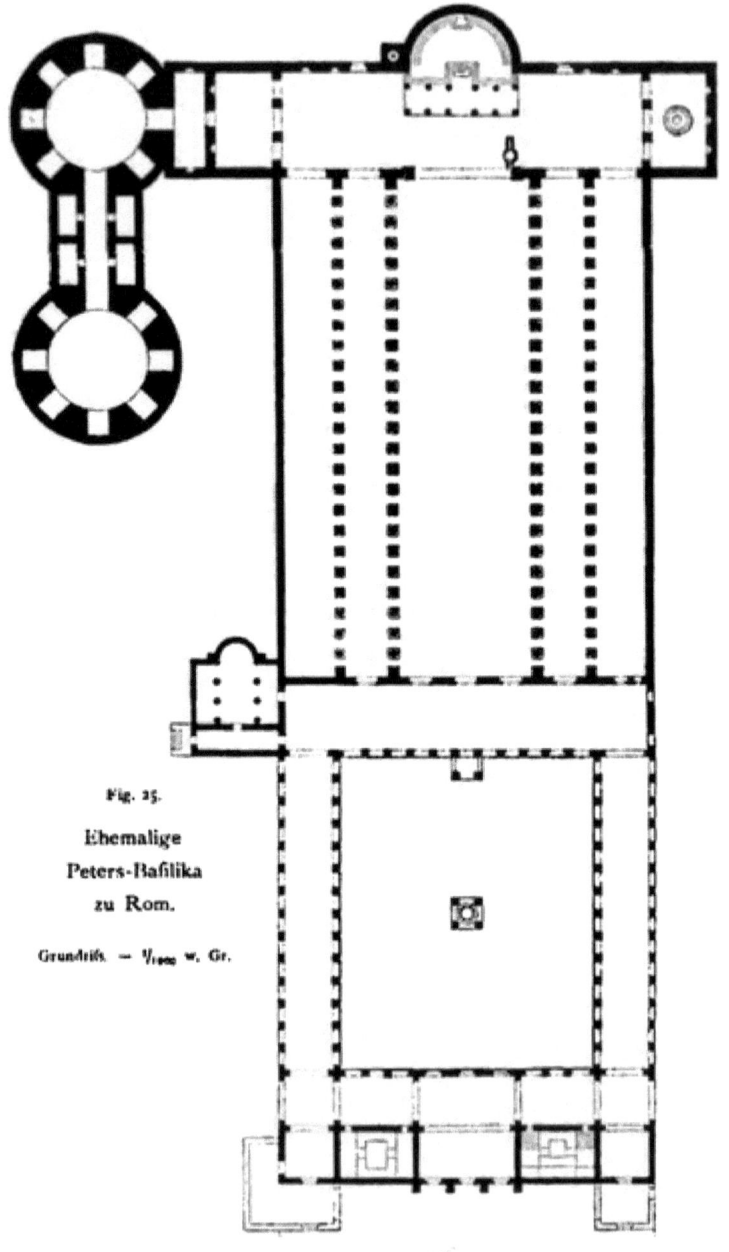

Fig. 25.

Ehemalige
Peters-Basilika
zu Rom.

Grundriß. — 1/1000 w. Gr.

Am Anfang in der Reihe der mehr oder minder erhaltenen oder aus älteren Aufnahmen bekannten Monumente stehen gleich die gewaltigften, die fünffchiftigen Bafiliken des IV. Jahrhundertes.

Die Tradition fchreibt die Errichtung fowohl der Grabeskirchen des *Petrus* und des *Paulus*, der beiden *principes apoftolorum*, als auch der grofsen Kirche im ehemaligen Palaft der Laterani der Initiative des Kaifers *Conftantin* oder feiner Gemahlin *Faufta* zu. In ihrer Gründung jedenfalls gehen alle drei Monumente in die erften Decennien des IV. Jahrhundertes zurück, wenn auch die Vollendung von St. Peter erft unter *Conftantin*'s Nachfolger erreicht wurde, und St. Paul fchon 386 einem erweiterten Neubau weichen mufste.

Keine der drei Kirchen hat fich unverfehrt bis auf unfere Tage erhalten. In den Neubau der Peters-Kirche, wie er unter *Julius II.* zu Anfang des XVI. Jahrhundertes fich vollzog, find nur ganz geringe Fragmente des älteren Monumentes hinübergenommen, und bei völliger Aenderung des Grundplanes und Aufbaues find wir hier lediglich auf Zeichnungen und Befchreibungen aus der Zeit des ehemaligen Beftandes angewiefen. In manchen Punkten mufs dabei jeder Reftaurationsverfuch leider nicht unbeträchtliche Lücken oder Hypothefen aufweifen.

17.
St. Peter
zu Rom.

Die alte Peters-Kirche gehörte in die Claffe der Cömeterialkirchen, die, aufserhalb der Aurelianifchen Stadtmauer gelegen — erft im IX. Jahrhundert hat Papft *Leo IV.* den um die Kirche erwachfenen Stadttheil, die *Civitas Leonina* ebenfalls mit Mauern umgeben — und zur Verherrlichung hervorragender Gräber beftimmt, faft ausfchliefslich den rafch und feft eingewurzelten Typus der Bafilika adoptirten (Fig. 25). Durch die Lage des Apoftelgrabes am öftlichen Abhang des vatikanifchen Hügels ward die Richtung der Kirche beftimmt; das Grab gab den feften Punkt für die Stellung des Altars, während der weftwärts anfteigende Berg die Erftreckung des Baues gegen Often bedingte. Um Raum für die Apfis und das mächtige Querfchiff zu gewinnen, war man gezwungen, den Hügel anzufchneiden; das bald vordringende und den Bau bedrohende Grundwaffer liefs Papft *Damafus* (366—84) auffangen und zur Anlage eines Baptifteriums verwenden.

An das Presbyterium fchlofs fich das ausgedehnte fünffchiffige Langhaus, dem ein grofses Atrium fich vorlegte. Die Mauern und Säulenreihen der füdlichen Seitenfchiffe ftützten fich auf die Grundmauern eines ehemaligen Circus, deffen Lage lange Zeit noch durch den auf der Spina errichteten Obelisken gekennzeichnet wurde, welchen erft *Sixtus V.* 1585 auf den Platz vor der neuen Peters-Kirche verfetzen liefs. Viermal 22 Säulen von reichlich 7 m Höhe trugen die hohen Obermauern des 88 m langen, 28 m breiten und etwa 30 m hohen Mittelfchiffes und die Decken der Seitenfchiffe. Aufser zweien aus afrikanifchem Marmor beftanden fie theils aus Granit, theils aus parifchem Marmor; gleich dem Gebälke waren es Spolien antiker Bauten. Die Verbindung der Säulen erfolgte hier im Mittelfchiff durch gerades Gebälke von annähernd 5 m Höhe. Flache Holzdecken fpannten fich über alle Räume: die Einwölbung der äufseren Seitenfchiffe erfolgte erft in fpäterer Zeit (Fig. 26[1]), von der auch der fpitzbogige Abfchlufs einzelner Fenfter und das gothifche Fenftermafswerk der Façade Zeugnifs geben. Die Säulen der Seitenfchiffe find auf hohe Poftamente geftellt und durch Rundbogen unter einander verbunden. Da die Deckenlage der inneren Seiten-

[1] S. b: Gutensohn, J. G. & F. M. Knapp, Die Bafiliken des chriftlichen Roms, Stuttgart 1822.

fchiffe höher, als die der äufseren genommen wurde, konnte der Dachraum der letzteren durch Fenfter in der die Seitenfchiffe trennenden Wand oberhalb der Arcaden erleuchtet werden. Den Fries über den Mittelfchiff-Colonnaden zierten beiderfeits Medaillonbildniffe römifcher Bifchöfe; darüber waren die grofsen, etwa 20 ᵐ hohen Flächen der Obermauern, gegen die fich rückwärts die Pultdächer der Seitenfchiffe lehnten, mit weiteren Malereien gefchmückt. Der in Nachbildungen des XVI. Jahrhundertes, z. B. dem Codex des *Grimaldi* in der *Biblioteca Barberini* zu Rom, fkizzirte Wandfchmuck reproducirt erft fpätere, an Stelle der urfprünglichen Mofaiken getretene Wandbilder. Die Anfänge des Triumphbogens ftützten mächtige jonifche Säulen mit Gebälkeftücken, die den

Fig. 26.

Ehemalige Peters-Bafilika zu Rom.
Querfchnitt.

Wänden fich unharmonifch anfügten. Das weite Innere des Langhaufes konnte die Menge der Andächtigen in allen fünf Schiffen durchaus ungehindert durchfluthen; die zahlreichen Altäre, zum Theil mit Säulenüberbau und Schranken gefchmückte »Oratorien«, die *Alfarano's* Plan verzeichnet, find erft Zuthaten fpäterer Jahrhunderte, eine Frucht des fich ausdehnenden Reliquien-Cultus; fogar *Carl der Große* fah (800), aufser dem anfänglichen einzigen Altar über dem Grabe des *Petrus*, nur drei Nebenaltäre, von denen die zwei älteren durch *Johann VII.* im Anfange des VII. Jahrhundertes geweiht waren. Zu gleicher Zeit begann man, unter Einwirkung byzantinifcher Sitte, die Intercolumnien mit purpurnen und feidenen Vorhängen, oft mit figürlichen Darftellungen, zu fchmücken, deren mehrfach über fechzig gezählt wurden. Aufser dem Ambon, deffen Standort zweifelhaft ift, verdienen noch die Confeffio, fo wie der Altar mit feinem Schmuck Erwähnung.

Die erftere ift eines der complicirteften Beifpiele eines mit Altar und Kirche überbauten Grabes. Bei der tiefen Lage des letzteren war es hier unmöglich, das Niveau des Presbyteriums bis unmittelbar auf jenes hinabzufenken, und auch ein Befchauen und Berühren des Grabes durch das Fenfterchen in der durchbrochenen Marmorplatte, die man fonft lothrecht unter die Vorderfeite des Altartifches ftellte, die Apfisftufen hier unterbrechend, genügte nicht. Ein tiefer Schacht führte bis zum Apoftelgrabe lothrecht hinab; zweimal theilten ihn durchbrochene Platten (cataractae); der Werth der hinabgelaffenen Gegenftände graduirte fich nach der Berührung mit dem Grabe, bezw. der erften oder zweiten Platte.

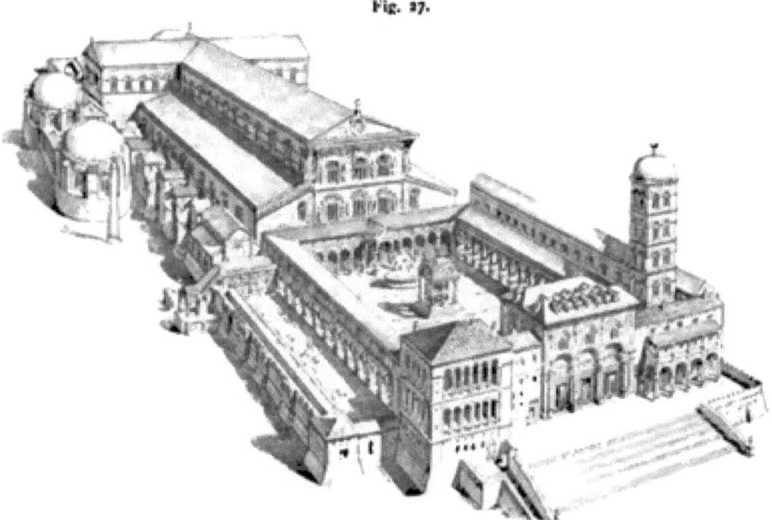

St. Peter zu Rom im Mittelalter [*].

Auf den Altar felbft und fein Ciborium ward Gold und Silber immer neu in faft unglaublicher Menge verwendet; felbft das Paviment war hier mit Silber bekleidet. Und nicht nur Schranken fchloffen den Raum ein, wie fonft üblich war, fondern fechs Säulen mit darüber laufendem Gebälke und reichen Auffätzen erhöhten den Charakter diefes Ortes als des Allerheiligften im Tempel; die Zahl diefer Säulen wurde fpäter noch verdoppelt, fo wie wir fie auch auf alten Innenanfichten der Bafilika, z. B. in den Stanzen des Vatikans, reproducirt fehen. Seitwärts erhielt das Querfchiff je einen Anbau, deren nördlicher durch das von Damafus errichtete Baptifterium gebildet wurde, während der füdliche Annex zu der kleinen Durchgangshalle führte, welche die Kirche mit den als Rotunden aufgeführten Maufoleen des Theodofianifchen Kaiferhaufes verband.

*) Nach: Ciampinus, P. *Te bafilicis crnftana.* Rom 1747.

Das Aeußere des Hauptbaues verschwand in seinen unteren Theilen allmählich faſt hinter den zahlreichen Anbauten aller Art; nur der Mittelbau mit dem Bronzeſchmuck ſeiner Dachziegel, die Papſt *Honorius I.* dem Tempel der Venus und Roma entnommen hatte, ragte hoch über die Umgebung hinaus (Fig. 27 *).

Der Oſtſeite der Baſilika legte ſich das Atrium vor, deſſen Tiefe ſeine Breite, der Gewohnheit entgegen, übertraf. Je dreizehn Säulen nebſt den Eckpfeilern erhoben ſich auf den Langſeiten, je 13 auf den Schmalſeiten der Hallen, von denen die öſtliche im Laufe des Mittelalters durch Vorbau von Hallen, Thurm und Loggien weſentlich verändert

Fig. 28.

St. Pauls-Kirche bei Rom.
Grundriß. — 1:500 w. Gr.

worden iſt. Das anſteigende Terrain erforderte die Anlage einer Freitreppe mit mehreren Podeſten. — Der Cantharus inmitten des Atriums gehört zu den glänzendſten ſeiner Art; im Baſſin erhob ſich der einem antiken Monumente entnommene coloſſale bronzene Pinienapfel, der jetzt in dem nach ihm benannten oberen Hofe des Vaticans *(giardino della pigna)* unter der Niſche des Bramante ſteht; cascadenartig quoll das Waſſer über ſeine zahlreichen Vorſprünge nieder. Ihn überſchattete ein Dach auf acht Porphyrſäulen, deſſen Rand Pfauen und Delphine ſchmückten, von denen die erſteren ſich gleichfalls erhalten haben. Marmorbaluſtraden ſchloſſen die Intercolumnien.

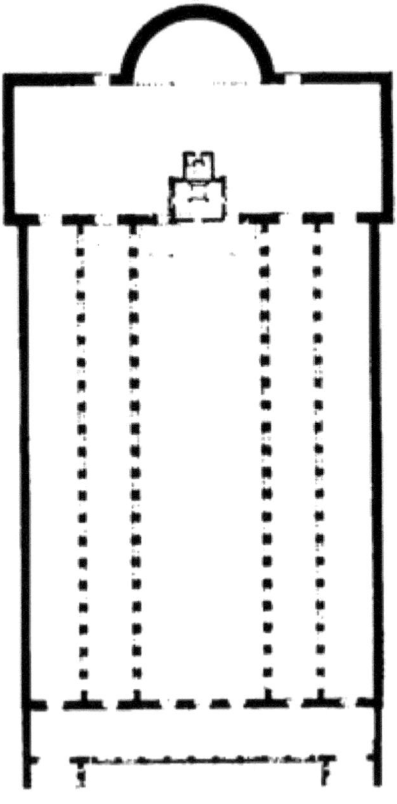

Im Vergleich zur Grabeskirche des *Petrus* war die Cömeterial-Baſilika, die ſich gleichzeitig über der Ruheſtätte des *Paulus* an der Oſtienſiſchen Straße erhob, beſcheiden zu nennen; es war eine dreiſchiffige Anlage mit weſtlicher Apſis und Eingang im Oſten. Erſt im Jahre 386 beauftragten die Kaiſer *Valentinian II., Theodoſius* und *Arcadius* den Stadtpräfecten *Salluſtius* mit der Errichtung eines Neubaues, der der Peters-Kirche an Dimenſionen gleichkam, ja ſie übertraf, und der ihr auch an Reichthum der Ausſtattung nicht nachſtand. Was *Theodoſius* begonnen, ſo meldet noch die Moſaikinſchrift am Triumphbogen, hat *Honorius*, ſein Sohn und Nachfolger vollendet, und auch *Galla Placidia*, des *Honorius* Tochter, ſetzte das große Werk fort unter thätiger Beihilfe des Biſchofs *Leo I., des Großen.*

3*

Wie zur Ruheſtätte des *Petrus*, ſo wallfahrteten die Pilger des Mittelalters zum Grabe des Heidenapoſtels, um das ſich bald ein Kloſter mit Hoſpizen und Herbergen für die Wallfahrer gruppirte. Die exponirte Lage ſüdlich der Mauern machte eine Befeſtigung bald zur Nothwendigkeit; Mauern und Thürme ſchützten das Heiligthum, das mit ſeiner Umgebung ſelbſt wie eine Stadt erſchien und den Namen ›Johannipolis‹ erhielt. Allmählich verödete und verfiel die ausgedehnte Anlage bis auf Kirche und Kloſter, und ſelbſt die erſtere traf ein Brandunglück, das im Jahre 1823 das Langhaus zerſtörte und auch Theile des Presbyteriums beſchädigte. Doch iſt der Bau nach dem alten Plane wieder aufgerichtet und bietet heute, wenn auch in modernifirtem Gewande, noch immer das großartigſte Bild altchriſtlicher Baſilikal-Architektur (Fig. 28 u. 29).

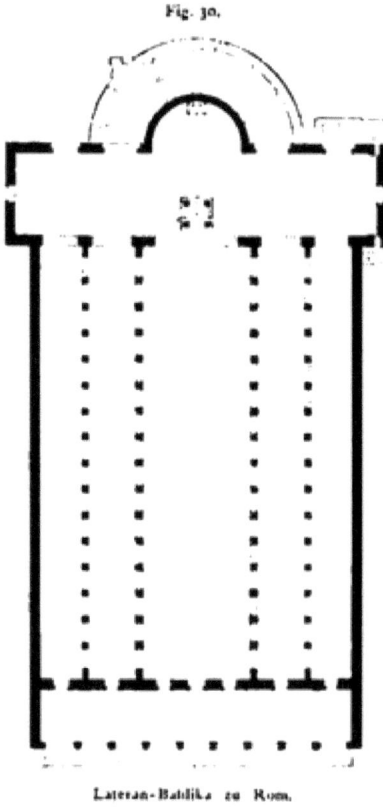

Fig. 30.

Lateran-Baſilika zu Rom.
Grundriß*). — Fig. u. Art.

Die vier Reihen von je 20 korinthiſchen Säulen (die ehemaligen cannellirt, die jetzigen aus polirtem Simplongranit mit uncannellirtem Schaft) in dem 120ᵐ langen, 60ᵐ breiten und 23ᵐ hohen Langhauſe zeigen in Folge der Bogenverbindung weitere Intercolumnien, als die eng geſtellten, mit geradem Gebälke überdeckten im Mittelſchiff der alten Peters-Baſilika. Im Uebrigen ähnelten ſich beide Kirchen im Eindruck des Inneren. Eine gleiche Vertheilung der Fenſter und des Bilderſchmuckes, einſchließlich der (aus dem Brande von *San Paolo* großentheils geretteten und jetzt im Kloſter bewahrten) Biſchofsbildniſſe; die gleiche Stützung des Triumphbogens durch große joniſche Säulen; auch Querſchiff und Apſis im Weſentlichen gleich; ja auch hier der ſonſt ſeltene Schmuck der zwölf Säulen im Presbyterium. Die Anlage der Confeſſio iſt beim Paulus-Grabe indeſſen bedeutend einfacher; von dem jetzt doppelten Ciborium gehört das innere, in gothiſchen Formen, dem Ausgang des XIII. Jahrhundertes, das größere darüber der neueſten Zeit an. Vom alten Moſaikenſchmuck ſind nur die offenbar reſtaurirten Bilder des Triumphbogens aus *Galla Placidia*'s Zeit mit der Darſtellung des Erlöſers, der Evangeliſtenſymbole, der 24 Aelteſten der Apokalypſe und den beiden Apoſtel-

*) Nach: Essenwein, a. a. O.

fürften erhalten; die Figuren der Apfiswölbung gehören fchon dem XIII. Jahrhundert an.

In der Gefchichte der Ausgeftaltung des Presbyteriums fpielen *Alt-St. Peter*

Fig. 31.

Lateran-Bafilika zu Rom,
Syftem des Inneren.

und *San Paolo fuori le mura* eine bedeutfame Rolle. Vielleicht bildet *St. Peter*
das frühefte Beifpiel des Einfügens eines Querfchiffes zwifchen Apfis und Langhaus; die unmittelbare architektonifche Umrahmung des zu verherrlichenden
Grabes und damit zugleich der Priefterraum ftanden jetzt in gleich mächtiger

Höhe und Weite dem hohen Langhaus der Gemeinde gegenüber, nicht mehr
beschränkt auf die eng umgrenzte Apsis. Die Frage, ob die nördlich und süd-
lich an das Querschiff von *St. Peter* sich anschließenden, über die Breite des
Langhaufes hinausreichenden Räume urfprünglich oder spätere Zufätze find, ift
vielleicht im letzteren Sinne zu beantworten. Mit dem Umbau des Damafianifchen
Baptifteriums durch Papft *Leo III.* (795—816) mag die Errichtung einer gleichen
Anlage gegen die Maufoleen der Südfeite hin Hand in Hand gegangen fein. —
Bei *St. Paul* erzählen die älteren Darftellungen die Baugefchichte des Querfchiffes nicht klar; auffallend ift, daß die Linie der Pultdächer über den Seiten-
fchiffen über große, vermauerte Fenfter des Querfchiffes hinübergeführt ift.

Den beiden Grabkirchen der Apoftel reiht fich in Rom als dritte fünffchiffige Anlage die Laterankirche an. Nach der durchgehenden Bauveränderung des vorigen und der letzten Jahre des gegenwärtigen Jahrhundertes ift
vom alten Bau nur der Grundriß des Langhaufes in feinen allgemeinen Zügen
erhalten geblieben (Fig. 30 [a]). Die in älteren Aufnahmen erkennbare Geftaltung
des Inneren, wo vier Reihen theils jonifcher, theils korinthifcher Säulen, in den
Seitenfchiffen auf hohen Poftamenten, eine durchgehende Bogenverbindung
zeigen, giebt das Bild einer mittelalterlichen Wiederherftellung nach dem Ende

[a] Nach Hübsch, H. Die altchriftlichen Kirchen etc., Carlsruhe 1858 ff.

Fig. 32.

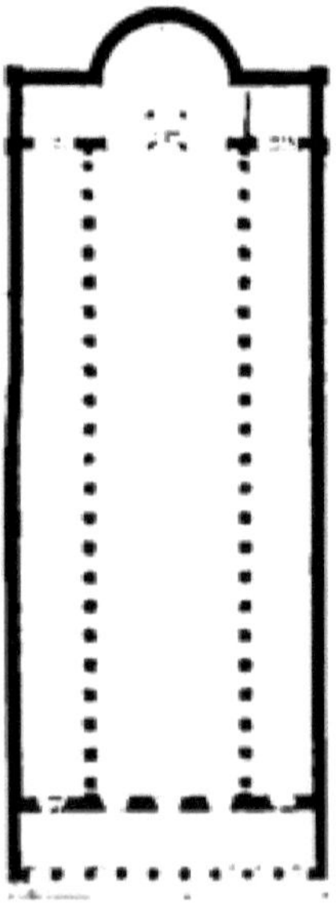

Santa Maria Maggiore zu Rom.
Grundriß[b]. Nach v. Gr.

des IX. Jahrhundertes erfolgten Einfturz. Manches
darin mag im Wefentlichen noch auf die Gründungszeit, den Anfang des IV. Jahrhundertes, zurückgehen
(Fig. 31 [a]). Die Tradition nennt *Faufta*, die Gemahlin
Conftantin's, als Stifterin der Kirche, die in dem ehemals der Familie der *Laterani* gehörigen Palafte im
Südoften der Stadt errichtet wurde. Wie viel dabei
von diefem Profanbau direct für die Kirche verwendet wurde, entzieht fich der Beurtheilung.

Wie fehr die Praxis in Rom zwifchen der Anwendung des Architrav- und des Bogenbaues im
Inneren der Bafiliken fchwankte, lehrt ein Blick auf
die übrigen erhaltenen Monumente. Diefelben gehören ausnahmslos der an Zahl weit überwiegenden
Claffe der dreifchiffigen Bauten an. Bei den meiften
ift die Reconftruction der erften Anlage in Folge
zahlreicher Veränderungen auferordentlich fchwer; in
der Literatur der neueren Zeit begegnen wir hier
den gewagteften und häufig völlig unbegründeten
Hypothefen. Im Durchfchnitt bieten diefe Monumente in Rom heute nicht viel mehr als ganz ifolirte Beftandtheile der altchriftlichen Periode, die
fich in bunter Mifchung mit mittelalterlichen und
neueren Zuthaten zu Bildern verbunden haben, welche
meift nur ganz im Allgemeinen, oft überhaupt nicht
mehr den Eindruck jener Anfangsperiode hervor-
zurufen vermögen. So wichtig die Monumente dem

Archäologen find, der Architekt wird aus ihnen vielfach nur ganz vereinzelte,
aus ihrem urfprünglichen Zufammenhang gelöfte Elemente für ein Gefammtbild vom architektonifchen Schaffen der altchriftlichen Periode zufammentragen

Lateran.

Fig. 35.

Santa Maria Maggiore zu Rom. — Inneres.

können. Und da es sich im vorliegenden Halbbande um ein solches, nicht um eine Specialgeschichte der einzelnen Kirchen und ihrer allmählichen Bauveränderung handelt, so müssen wir uns hier auf eine Gruppirung solcher charakteristischer Detailbildungen beschränken.

In der erwähnten Classe der Basiliken mit Architravverbindung der Säulen nimmt nächst dem ehemaligen *St. Peter*, jetzt *Santa Maria Maggiore*, die erste

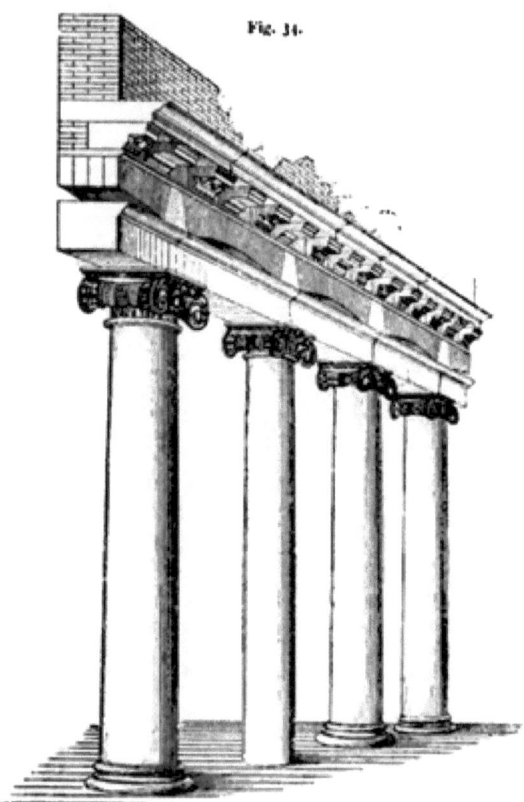

Fig. 34.

Säulen und Gebälke in *Santa Maria in Trastevere* zu Rom.[*]

Stelle ein. Die im Aeusseren barock umgestaltete Kirche bietet in ihrem Inneren im Allgemeinen noch das Bild aus der Zeit des Papstes *Sixtus III.* (432—40); die damalige Gestalt des Presbyteriums allerdings ist nicht mehr nachzuweisen; die Unterbrechungen der Mittelschiff-Arcaden durch zwei große Bogendurchgänge ist das Werk der Päpste *Sixtus V.* (1586) und *Paul V.* (1611; die schöne Cassettendecke endlich gilt als Arbeit *Giuliano da Sangallo's* aus dem Ende des XV. Jahrhundertes; sie giebt unter allen ähnlichen Beispielen wohl das treueste Bild vom Glanz der ehemals allen Basiliken eigenen Felderdecken, deren allmählicher Verfall erst die kahlen, nüchternen Dachstühle den Blicken offen gelegt hat (Fig. 32 u. 33). Unter den römischen Basiliken ist *Santa Maria Maggiore* heute noch besonders bedeutsam durch die Erhaltung des Mosaikschmuckes an den Obermauern des Mittelschiffes und am Triumphbogen. Die ersteren bieten Scenen aus der Geschichte der Patriarchen; die Bilder des Bogens sind der Verherrlichung der Maria geweiht, deren Benennung als Gottesmutter gerade damals auf dem Concil zu Ephesus verkündet und der Antrieb zum Neubau der Kirche geworden war. Schwerlich allerdings werden damals die 42 jonischen Säulen aus hymettischem Marmor,

Fig. 35.

Fig. 36.

System.

Grundriss. — 1/1000 n. Gr.

Santa Prassede zu Rom.

43

die, mit 4 granitenen, das Mittelſchiff umſäumen, neugearbeitet ſein; ſie ſind wohl der älteren Baſilika entnommen, die unter dem Namen des *Sicininus* als nichtkirchlicher Bau ſich hier erhoben hatte und ſpäter vom Papſt *Liberius* (352) mit einer Apſis verſehen und zur Kirche umgewandelt worden war.

Mit Ausnahme der unten zu beſprechenden Kirche *San Lorenzo* iſt in den übrigen römiſchen Baſiliken mit geradem Gebälke ſtatt der Halbkreisbogen der altchriſtliche Urſprung des erſteren nicht mehr ſicher zu erweiſen; die höhere Wahrſcheinlichkeit ſpricht hier überall für mittelalterliche Reſtauration, die bei mehreren Beiſpielen aus anderen Gründen feſt ſteht. Als Probe ſei hier das Innere von *Santa Maria in Traſtevere* angeführt, das 1139 zum Theil mit älterem Material neu aufgeführt wurde. Schon der frühere Bau, aus der Mitte des IV. Jahrhundertes *(Baſilica Julii)*, ſcheint antike Spolien reichlich benutzt zu haben; die Ungleichheit der Säulen und der Conſolen des Geſimſes am Gebälke iſt in wenigen anderen Monumenten ſo auffallend wie hier (Fig. 34 *).

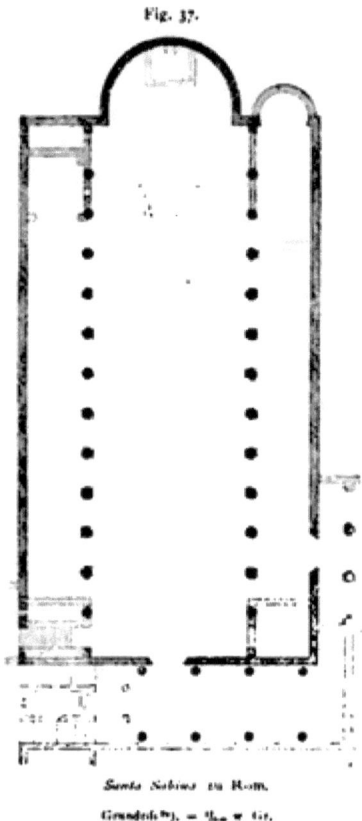

Fig. 37.

Santa Sabina in Rom.
Grundriſs *). — ⅟₈₀ w. Gr.

Auch *Santa Praſſede* mag hier gleich erwähnt werden, obwohl die Schwibbogen offenbar erſt dem IX. Jahrhundert (822) angehören, die, auf Pfeiler und ſtarke Conſolen geſtützt, ſich quer über das Mittelſchiff ſpannen (Fig. 35 u. 36 *). Iſt die angegebene Datirung der Bogen die richtige, ſo würde ſich angeſichts der oft ausgeſprochenen Vermuthung, daſs die 6 Pfeiler ſpäter ſeien, als die 16 Granitſäulen, für dieſe und ihr derbes Gebälke eine Bauzeit vor dem IX. Jahrhundert ergeben. Die Frage kann erſt entſchieden werden, wenn einmal die Unterſuchung ermöglicht iſt, ob in den Pfeilern etwa Säulen vermauert ſind; die größere Wahrſcheinlichkeit ſpricht allerdings, eine Zeitdifferenz in der Entſtehung der Säulen und Pfeiler vorausgeſetzt, dafür, daſs die erſteren an den betreffenden Punkten zunächſt entfernt und dann Pfeiler an die Stelle geſetzt ſind. — Die Grundriſsbildung des Chores zeigt die frühmittelalterliche Weiterbildung des mit Querſchiff erweiterten Presbyteriums; die weite Entfernung der Façade und des Atriums von der Straße bedingte die exceptionelle Anlage eines langen Zuganges, deſſen Thor mit einem Propyläon geſchmückt wurde.

*) Nach: Canina, L. *Ricerche ſull' architettura più propria dei templi criſtiani* etc. Rom 1843.

Für den Eindruck des Inneren der Basiliken war nächst den noch zu besprechenden Emporen nichts so ausschlaggebend, wie die Art der Verbindung der Säulen. Nach unserer heutigen Kenntniß der Denkmäler scheint

13. Santa Sabina

Fig. 30.

Santa Sabina zu Rom. Hölzerne Thürflügel.

dem Architravbau die Priorität zu gebühren (St. Peter); doch ist bei dem lückenhaften Bestande selbstredend kein Urtheil erlaubt. Jedenfalls hat auch der Halbkreisbogen sich sehr bald gemeldet (San Paolo fuori le mura, 386), dessen

Verbindung mit Säulen kein in der Kirchen-Architektur geborener Baugedanke war, wie u. A. zahlreiche Beispiele der Profan-Baukunst des ausgehenden III. Jahrhundertes (*Diocletian's* Palaft in Salona etc.) zeigen. Nächft *San Paolo* gehören in die Reihe der kirchlichen Beispiele vor Allem *Santa Sabina* und *San Pietro in vincoli*. Beide gehören der erften Hälfte des V. Jahrhundertes an. *Santa Sabina* wurde auf dem Aventin unter Papft *Cöleftin I.* 425 von einem illyrifchen Presbyter *Petrus*, wie die Mofaikinfchrift der Eingangswand befagt, erbaut. Die Verhältniffe des Inneren, das durch 24 cannellirte korinthifche Säulen aus parifchem Marmor dreifchiffig gegliedert wird, find von wohlthuender Weite (Fig. 37 u. 38). Die Kirche bewahrt noch die urfprünglichen hölzernen Thürflügel mit ihren inhaltlich höchft wichtigen Reliefs (Scenen des alten und neuen Teftaments: Fig. 39).

Wie die Säulen von *Santa Sabina* angeblich dem Diana-Tempel des Aventin entftammen, fo werden auch die gleichmäßigen, cannellirten dorifchen Säulen in *San Pietro in vincoli* auf dem Esquilin als Spolien eines untergegangenen antiken Baues bezeichnet (Fig. 40 u. 41). Ihre Bafen (Plinthe und Wulft), der Antike fremd, find wohl Zuthaten des kirchlichen Baumeifters. Breit und fchwer laften die Bogen mit ihren dreigetheilten Archivolten auf dem Abakus, über den Umkreis des Echinus unfchön hinaustretend. Mag diefe Stützenbildung des Langhaufes noch der Gründungszeit der Kirche angehören, welche *Valentinian's III.* Gemahlin *Eudoxia* 442 ftiftete, um dort die Ketten *(vincula) Petri* aufzubewahren, fo gehört einer der fpäteren Reftaurationen, wie folche unter *Pelagius I.* (555—60) und *Hadrian I.* (772—95) vorgenommen wurden, die Geftaltung des Presbyteriums an, das im Querfchiff Gewölbe zeigt, wie folche fpäter auch den Seitenfchiffen gegeben wurden. Säulen und Gebälke des Triumphbogens, das letztere in feiner fimplen Profilirung demjenigen in *Santa Praffede* verwandt, geben fich dem erften Blick fchon als fpätere, unharmonifche Nachbarfchaft der Langhaus-Arcaden zu erkennen.

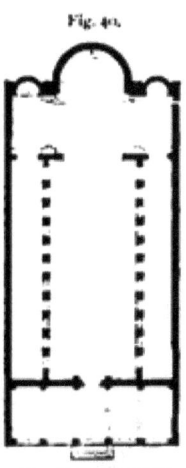

Fig. 40.

San Pietro in vincoli zu Rom.

Grundriß, in Chas m. Gr.

Nicht alle Bafiliken Roms waren urfprünglich Neubauten. Mehr als eine der fpäter berühmten Kirchen ift aus profanen Bauten herausgewachfen. Hier befonders erwies fich die Macht der Gewohnheit an das rafch eingebürgerte bafilikale Schema, das man auch anders geartete Räumen bei ihrer Umwandelung in Kirchen aufzuprägen fuchte. Bei Adoption einfchiffiger Säle von mäßigem Umfange mufste man fich am Anfügen einer Apfis und Vorlegen einer Vorhalle genügen laffen, wie das Beifpiel des fpäter zerftörten *Sant' Andrea in Barbara* und noch jetzt *Santa Balbina* zeigt. Waren aber die Abmeffungen des gewählten Raumes mächtig genug, fo ftellte man zwei Säulenreihen ein, die dreifchiffige Längengliederung zu erzielen. Dies ift der intereffante Procefs, dem ein Saal des *Palatium Sefforianum*, angeblich zu *Conftantin's* Zeit, unterworfen wurde (jetzt *Santa Croce in Gerufalemme* [Fig. 42 u. 43]; ein ähnlicher Vorgang darf auch wohl bei *Santa Pudenziana* vermuthet werden. In der Lichtzufuhr unterfchieden fich ehedem beide Kirchen; *Santa Croce* befafs vor der barocken Bauveränderung Emporen und keinen oberen Lichtgaden über denfelben, während bei *Santa Pudenziana* wohl mit Recht vermuthet ift[20]), dafs durch Abtragen der oberen Hälfte der Saalmauern Licht für die Fenfter in den neuen Obermauern über den Mittelfchiff-Arcaden gewonnen wurde. Die Zeit der Umwandelung fiel in den Schlufs des IV. Jahrhundertes.

Fig. 41.

San Pietro in vincoli zu Rom.
Syftem.

Mehr als bei den Kirchen innerhalb der Stadtmauern ift das Gepräge der altchriftlichen Zeit bei den Cömeterial-Bafiliken über den Katakomben bewahrt worden. Ihre großartigften Vertreter, *St. Peter* und *St. Paul*, haben wir fchon betrachtet; die in Trümmern liegenden Bafiliken der Petronilla, des h. Silvefter, des h. Stephanus (an der Via Latina, aus der Mitte des V. Jahrhundertes), *San*

[20]) Siehe: Dursch, G. & G. v. Dehio, Die kirchliche Baukunft des Abendlandes etc. Stuttgart 1884 B. S. 82.

Valentino nahe der Via Flaminia u. a. bieten in erfter Linie archäologifches Intereffe; dagegen erheben fich in der Campagna noch zwei Grabkirchen, die, wohl erhalten, in mehrfacher Beziehung eine Ausnahmebildung zeigen und eingehenderes Studium

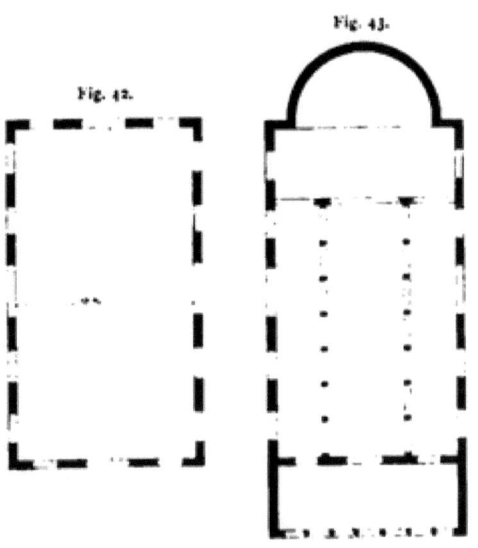

Fig. 42.

Fig. 43.

verdienen. Es find die Kirchen der heil. Agnes und des heil. Laurentius. Beide find unmittelbar über dem betreffenden Märtyrergrabe errichtet. Um den Altar direct über diefem aufftellen zu können, war man gezwungen, tief in das Erdreich hineinzugraben, fo dafs nur die oberen Theile des Kirchenbaues frei zu Tage traten, während die Außenmauern der Seitenfchiffe und ein Theil der Apfis vom anftoßenden Terrain verborgen wurden. Erft fpätere Anbauten haben hier zum Theil freien Raum gefchafft.

Palatium Sefforianum, jetzt *Santa Croce* zu Rom.
¹⁄₄₄₀ w. Gr.

16.
Sant' Agnefe

Betrachten wir zunächft *Sant' Agnefe*, als die einfachere Anlage (Fig. 44 bis 46). Es ift eine dreifchiffige Bafilika mit einer nach Südoften gerichteten Apfis. Unter den durch Halbkreisbogen verbundenen Säulen des Inneren befinden fich einzelne mit cannellirtem Schaft. Die Befonderheit im Aufbau befteht in der Anlage von Emporen über den Seitenfchiffen. Dadurch, dafs man auf directe Beleuchtung des Mittelfchiffes nicht verzichten wollte, erhielt diefes durch den Obergaden eine bedeutende Höhe. Indem dann ferner bei diefen beiden feitlichen Emporen für eine Verbindung mittels einer Galerie an der Eingangsfchmalfeite geforgt wurde, ward durch die für diefe Querempore nothwendige Stützenreihe eine Art innerer Vorhalle vor dem Mittelfchiffe abgegrenzt. Die Säulen der Emporen, den unteren an Maßen nachftehend, find gleichfalls mit Bogen verbunden; auch hier variiren Schaft und Kapitell; bei dem geringeren Durchmeffer des letzteren ift ihm ein Kämpfer aufgelegt als Träger der ftarken Maffe der Obermauern. — Wenn auch die Gründung der Kirche in die Conftantinifche Zeit zurückgeführt wird, fo dürfen wir die Emporenanlage doch wohl früheftens in die Zeit des Papftes *Honorius* (625—38) verfetzen, der auch das Apfis-Mofaik entftammt.

Fig. 44.

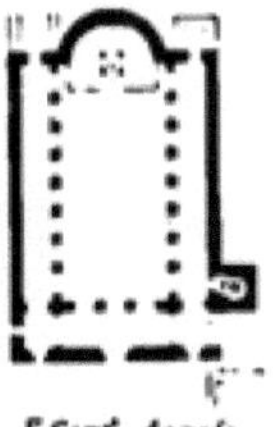

Sant' Agnefe
bei Rom.
Grundrifs.
¹⁄₄₀₀ w. Gr.

*) Nach: Hübsch, a. a. O.

Fig. 45.

Inneres.

Fig. 46.

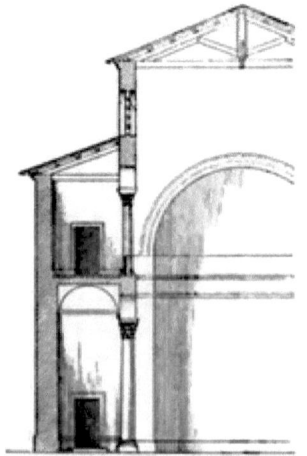

System 1/3. — 1/100 w. Gr.

Sant' Agnese bei Rom.

Die Zeit der erſten Anlage von Emporen in chriſtlichen Kirchen iſt heute eben ſo wenig noch feſt zu ſtellen, wie die Gründe, die zur Aufnahme dieſes Bautheiles im Anfang geführt haben, überall noch deutlich nachweisbar find. Die Annahme, daſs ſie den Frauen beim Gottesdienſt angewieſen worden, iſt für die griechiſche Kirche durch Ausſagen zeitgenöſſiſcher Autoren *(Procopius, Paulus Silentiarius* u. a.) und durch ihren Namen: *Gynaeca, Gynaikonitides* begründet; doch iſt zu beachten, daſs es ſich auch da um eine Ausnahme handelt; keine ſyriſche Kirche kennt dieſes Bauglied; das nach Byzanz hinneigende Ravenna weist es nur einmal auf, bei einem Centralbau *(San Vitale).* Für die beiden römiſchen Beiſpiele iſt als Erklärung angezogen, daſs mit ihnen ehemals (ſeit wann?) Frauenklöſter verbunden geweſen ſeien, und eben ſo hat man darauf hingewieſen, daſs hier die Einführung der Emporen in eine Zeit fiel, da Rom in eine gewiſſe Abhängigkeit von Conſtantinopel gerathen war (Ende des VI. bis Anfang des IX. Jahrhundertes; in dieſe Zeit fiel auch der Bau der ſpäter wieder entfernten Emporen in *Santa Cecilia in Traſtevere,* unter Papſt *Paſchalis I.* (817—24[27]). — Vielleicht haben wir für Rom auch den Umſtand in Rechnung zu ziehen, daſs bei den tief in den Boden eingeſenkten Anlagen von *Sant' Agneſe* und *San Lorenzo* durch die Emporenanlagen dem Bedürfniſs nach Raumgewinnung vielleicht am leichteſten Genüge geſchehen konnte. Bei

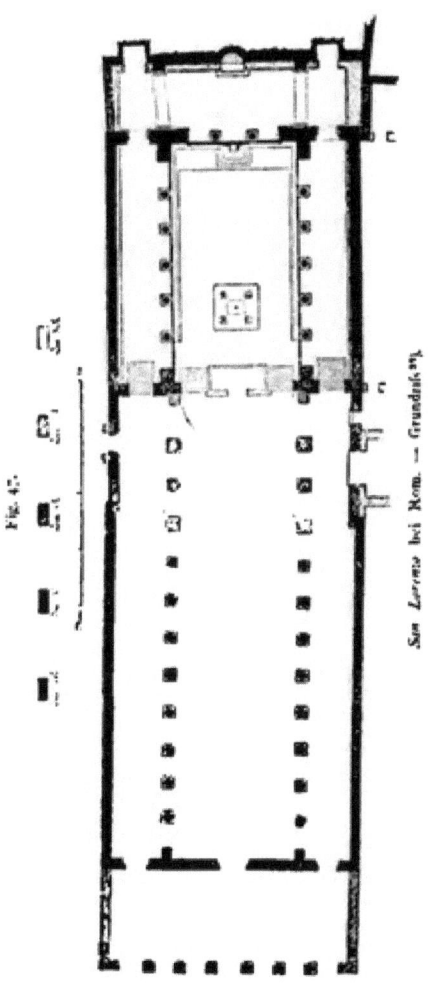

San Lorenzo bei Rom. — Grundriß[27]

Fig. 45.

beiden Kirchen gehört dieſes Bauglied nicht der Gründungszeit, ſondern erſt einer Erweiterungsepoche an.

[26] Die Emporen in *Santi quattro Coronati* zu Rom rühren erſt von einem Umbau im XII. Jahrhundert her.

[27] Nach: CATTANEO, R. *L'architettura in Italia etc.* Venedig 1889.

Fig. 48.

San Lorenzo bei Rom.

Inneres. — Blick in die östliche Kirche.

Wie *Sant' Agnefe* gilt auch *San Lorenzo* an der Tiburtinifchen Strafse, und dies mit vollem Recht, für eine Stiftung der Conftantinifchen Zeit (Fig. 47[33]) u. 48). Die ältere Baugefchichte der Kirche ift in der
fchriftlichen und epigraphifchen
Ueberlieferung mit ziemlicher
Sicherheit zu verfolgen; ich be-
gnüge mich hier auf die Haupt-
phafen hinzuweifen[34]). Die Conftantinifche Bafilika, oberhalb
des Katakomben-Areals des
Ager Veranus erbaut, mit
doppeltem Treppenzugang zum
unterirdifchen, reich ausgeftatte-
ten Grabe des Heiligen, fcheint

Fig. 49.

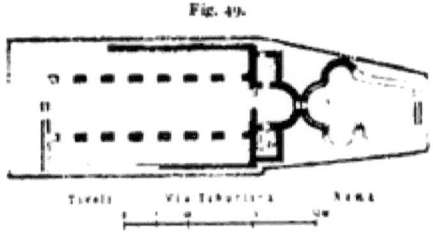

Santa Sinforofa bei Rom. — Grundrifs[35].

gegen Ende des Jahrhundertes einem Neubau des Presbyters *Leopardus* ge-
wichen zu fein, welcher, der auch fonft uns häufiger begegnenden Praxis folgend,

Fig. 50.

Säulen und Gebälke in *San Lorenzo* bei Rom.

mit der Kirche auch die Umgebung des Märtyrergrabes bis zur Tiefe des
letzteren hinunter abtrug und auf diefem tieferen Niveau eine neue Bafilika er-

[34]) Siehe Naheres in des Verf.: Die altchriftliche Architektur etc. Stuttgart 1800, S. 126 u. 135.
[35]) Nach: Kanes, a. a. O.

Fig. 51.

San L... ... b.
Syltem 4 ...

baute. Als wenige Decennien
später *Sixtus I.* (432—40) dem
immer sich mehrenden Andrang
der Gläubigen durch Vergröße-
rung des Cultusraumes zu genügen trachtete, fand er, da
bei der nach alter Sitte mit der
Apsis nach Westen gerichteten
Basilika gegen Osten hin wegen
des hier ansteigenden Terrains
eine Erweiterung des tief in
den Boden gesenkten Baues
unmöglich war, keinen anderen
Ausweg, als den, eine zweite
Basilika im Westen der älteren
so zu errichten, daß beide Apsiden sich berührten, und der
Altar der neuen Kirche, der
basilica major, dem Märtyrer-
grab nach Möglichkeit benach-
bart angeordnet wurde. Mittels
einer Transenna, einer durchbrochenen Platte in der Apsiswand, in anderen Fällen auch
durch Durchgänge, wurde die
Verbindung beider Bauten hergestellt. Wir haben noch heute
ein aus jener Zeit erhaltenes
Beispiel dieser Disposition in der
Cella trichora und anstoßenden
Basilika der *Symphorosa* an
derselben Tiburtinischen Straße,
einige Kilometer weiter östlich
von Rom (Fig. 49*).

Die nächste wichtige Bau-
epoche für *San Lorenzo* trat ein,
als Papst *Pelagius II.* (578—90)
der tiefer gelegenen östlichen
Kirche, dem Bau des *Leopardus*, die Emporen gab und den
Lichtgaden dem entsprechend
hinaufrückte. Wie einst die Mo-
saikinschrift der Apsis aussagte,
hatte *Pelagius* eine Erweiterung der Kirche erzielt; man
hat hierunter eine kleine Ver-
längerung des Baues verstanden
und zugleich die aus antiken
Spolien hergestellte bunte Zu-

54

fammenfügung des Gebälkes über den fchönen unteren korinthifchen Säulen der Arbeit des *Pelagius* hinzugerechnet (Fig. 50). Sei dem, wie es wolle, die oberen Arcaden verrathen fich durch die rohen Kämpfer und einzelne mühfame und harte Nachbildungen korinthifcher Kapitelle, die ihre Analoga öfter in jener Zeit finden, als Werk eben jener Periode des ausgehenden VI. Jahrhundertes (Fig. 51 [86]). Die fpäteren Schickfale der Kirche feien hier nur andeutend berührt. Ihre heutige, einzig daftehende Innenerfcheinung verdankt fie der Umgeftaltung durch Papft *Honorius III.* (1216—27), welcher die beiden fich berührenden Apfiden abtragen und die Schiffe der weftlichen Bafilika bis zu denen der öftlichen verlängern ließ; die dabei neu eingeftellten Säulen zeichnen fich durch dünnere Schafte aus. Der öftliche Bau

Fig. 52.

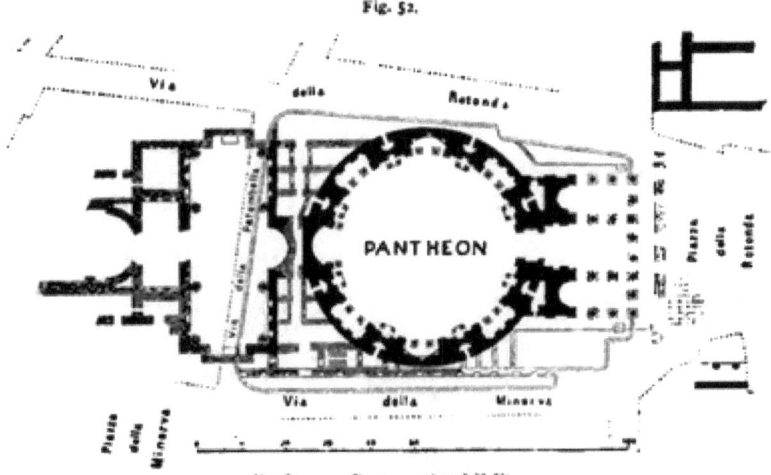

Pantheon zu Rom. — Grundriß [87].

wurde nun feines Charakters als felbftändige Bafilika entkleidet und zum Presbyterium des neuen Gefammtbaues umgefchaffen, indem in etwa zwei Drittel Höhe der unteren Säulenftellung ein neuer, gegen den Weftbau um mehrere Stufen erhöhter Boden eingezogen wurde, der jetzt die Priefterfitze und den Altar mit feinem Ciborium trägt. Die Seitenfchiffe und Emporen wurden feitdem bedeutungslos.

Auch die weftliche Vorhalle gehört der Zeit des *Honorius* an. Aehnlich wie bei *St. Peter* und bei *St. Paul* hatte fich auch um *San Lorenzo* allmählich eine Anzahl von Oratorien, Hofpizen, Armenwohnungen etc. gruppirt, und auch hier wurde der ganze Complex mit einer Mauer umzogen und zugleich durch einen gedeckten Portikus mit der *Porta Tiburtina* in der Aurelianifchen Mauer verbunden.

[86] Nach Gutensohn & Knapp, a. a. O. — Wenn es von *Pelagius* heißt, daß er *domum fenebrat*, fo kann fich dies nur darauf beziehen, daß er der bis dahin tief im Erdboden fteckenden Kirche durch Erhöhung Licht zuführte, fo daß die Infchrift weiter fchmern konnte: *his quondam latebris fe mdo fu gor imff*.

[87] Nach: Centralbl. d. Bauverw. 1883. S. 447.

2) Römifche Centralbauten.

Der Seltenheit centraler Anlagen in der frühchriftlichen Architektur ift fchon in Art. 15 (S. 30) gedacht worden. Während feit der Juftinianifchen Epoche der Often die Centralanlage in Verbindung mit dem Kuppel- und Gewölbebau für alle kirchlichen Bauten zu verwenden beginnt, hat die römifche Kirche fie von Anbeginn an, wenn auch nicht ganz ausfchliefslich, für die beiden Claffen der Tauf- und Grabkirchen, denen fich die Memorialbauten anfchliefsen, aufgehoben. Rom felbft bietet dafür noch heute vereinzelte Beifpiele. Aus der Gruppe der Grabbauten in centraler Form haben wir von den noch der vor-conftantinifchen Periode angehörenden triapfidalen *Cellae coemeteriales (trichorae)*, *Santa Sotere, San Sifto e Cecilia* über den Ca-lixt-Katakomben fchon in Art. 9 (S. 17) eine Anfchauung geboten und auch auf die ver-wandte Anlage von *Santa Sinforofa* (fiehe Art. 27, S. 52) hinge-wiefen. Die Abmeffun-gen find bei allen diefen Bauten fehr befcheiden. Nach der Technik des Ziegelmauerwerkes mö-gen fie noch dem III. Jahrhundert angehören. An das von einer Kup-pel überdeckte mittlere Quadrat fchliefsen fich an drei Seiten Apfiden; die vierte Seite blieb entweder offen, viel-leicht urfprünglich mit Einftellung zweier Säu-len und Marmorgitter, oder es fchlofs fich noch ein (bei *Santa Sinforo-fa* trapezförmiger) Vor-raum an.

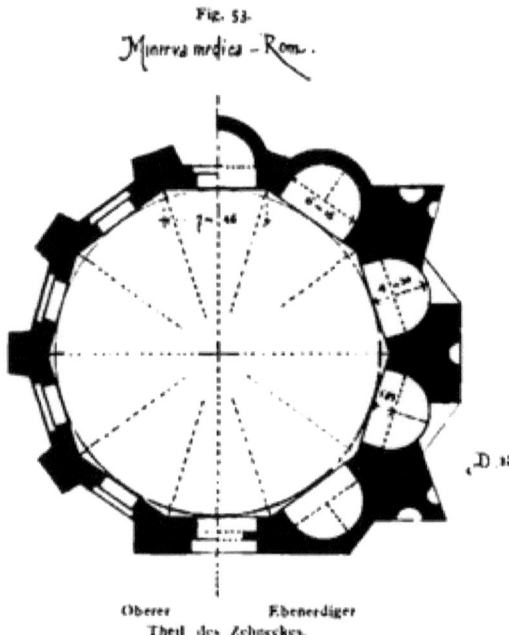

Fig. 53.

Minerva medica - Rom.

Oberer   Ebenerdiger
Theil des Zehneckes.

Mit Hinblick auf die baugefchichtliche Entwickelung der Formen find unter den übrigen Centralanlagen die einfachen, ungegliederten Rotunden in die erfte Linie zu ftellen, in denen die frühchriftliche Architektur lediglich Schöpfungen früherer Zeiten, unter denen das Pantheon den Culminationspunkt bildet, wieder-holt oder variirt. In diefe Reihe gliedert fich das Maufoleum der Kaiferin *Helena* an der *Via Labicana* ein, nach der Verwendung hohler Thongefäfse zur Entlaftung der Kuppel heute *Torre Pignattara* genannt, eine Rotunde mit acht aus der Mauer ausgefparten Nifchen in dem allein noch erhal-tenen unteren Theile; desgleichen die ehemals neben *St. Peter* befindlichen

Schnitt. — 1/250 d. Gr.

Santa Costanza bei Rom.

Fig. 28.

Fig. 29.

Rundbauten *Sanf Andrca* und *Santa Petronilla*, die Maufoleen des Theodofia·
nifchen Kaiferhaufes, deren Inneres durch mächtige Nifchen zur Aufnahme
der Sarkophage gegliedert war (Fig. 25 u. 27, S. 31 u. 34).

Wie neben den ungetheilten Saal die mehrfchiffige Bafilika getreten war,
fo ftellte fich nun neben den einfachen Kuppelraum der gegliederte Rundbau.
Die mächtige Stockmauer unter der hemifphärifchen Kuppel durch Nifchen zu
beleben, hatte fchon die Hadrianifche Zeit beim Neubau des Pantheon unter-
nommen (Fig. 52). Ein Jahrhundert fpäter fehen wir, im Kuppelfaal der Caracalla-
Thermen, diefe Nifchen in überwölbte Durchgänge verwandelt; in einem anderen

Fig. 56.

Santa Coftanza bei Rom. — Inneres.

Thermenfaal, dem fog. Tempel der Minerva Medica, find den weiten Durchgängen
des (hier zehnfeitigen) Mittelraumes Nifchen angegliedert (Fig. 53).

Eine einheitliche Geftaltung des Ganzen aber konnte fich erft ergeben, wenn
rings um den mittleren Kuppelraum ein ununterbrochener Rundgang herumgeführt, alfo eine vollkommene concentrifche Gliederung des Baues erzielt war.
Diefen Schritt hat, fo weit wir nach den vorhandenen Monumenten heute urtheilen
können, erft ein Meifter der Conftantinifchen Zeit gethan, der Erbauer des Maufo-
leums, welches zur Aufnahme der Sarkophage der *Conftantina*, der 354 verftorbenen Tochter des *Conftantin*, und feiner Schwefter *Conftantia* beftimmt war;
auch *Helena*, die Gemahlin des *Julianus Apoftata*, fand hier ihre Ruheftätte. Es
ift der jetzt *Santa Coftanza* genannte Rundbau bei der in Art. 26 S. 48 genannten

Fig. 57.

Santa Coftanza bei Rom. — Theil des ehemaligen Kuppel-Mofaiks[26]).

Cömeterial-Bafilika *Sant' Agnefe* an der *Via Nomentana* (Fig. 54 bis 58[28a u. 27]).
Ein [ringförmiger Umgang umgiebt den kreisrunden, überhöhten Mittelraum.

Fig. 58.

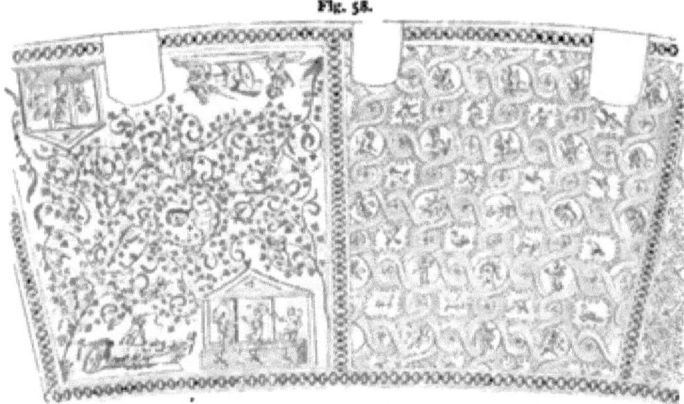

Santa Coftanza bei Rom. — Vom Mofaik des Umganges[26]).

Zwölf Paar gekuppelter Granitfäulen, mit verfchiedenen, theils korinthifchen,
theils compofiten Kapitellen und mit Gebälkeftücken aus Epiftyl, ausgebauchtem
Fries und Gefimfe, tragen, durch Bogen unter einander verbunden, auf hohem

Tambour die Kuppel in Halbkugelform. Bei den etwas erweiterten Intercolumnien in den beiden Hauptaxen find die betreffenden Bogen weiter gefpannt und
von höherem Scheitel; bei allen liegt der äußere Rand der Laibung höher, als
der innere. Der hohe Tambour, gegen deffen unteren Theil fich das Tonnengewölbe und das Dach des Umganges lehnen, ift in feiner oberen Hälfte von zwölf
rundbogigen Fenftern durchbrochen. Ob ein Opäon im Scheitel der Kuppel
vorhanden war, ift ungewiß. Auf weiteren Lichteinlaß hat der Bau ehemals
verzichtet, mit Ausnahme der zwei Fenfter in der Erhöhung über dem Umgang
gegenüber dem Eingang des Baues. Die kleinen Luken im Tonnengewölbe find
fpätere rohe Einbrüche, wie ihre Diffonanz mit dem Mofaikmufter des Gewölbes
zeigt (Fig. 58). Die Mauer des Umganges ift durch zwölf kleinere, abwechfelnd

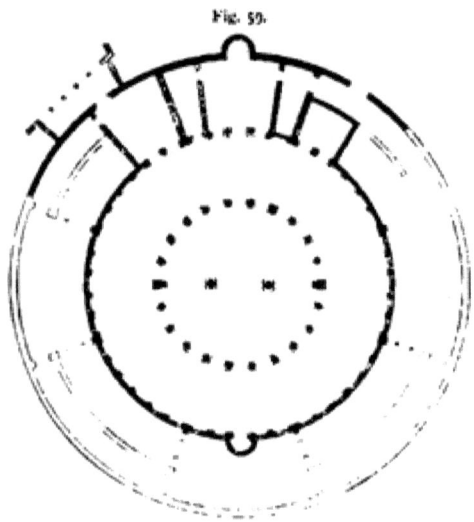

Fig. 59.

Santo Stefano rotondo zu Rom.
Grundriß. — ⅟₁₀₀ w. Gr.

rechteckige und halbkreisförmige und vier größere
Nifchen gegliedert, von
denen urfprünglich nur
die öftliche einen Eingang
enthielt; ihm legt fich eine
Vorhalle mit zwei feit-
lichen Nifchen vor. Der
rund um das Gebäude all-
mählich fchräg abwärts
führende Gang ift viel-
leicht als ringförmiger
Säulen-Portikus zu recon-
ftruiren. Leider ift die
reiche Innendecoration bis
auf die Mofaiken des Um-
ganggewölbes moderner
Reftauration zum Opfer
gefallen. Vom Kuppel-
fchmuck geben die von
Garrucci nur fragmenta-
rifch publicirten Skizzen
des *Francesco d' Olanda*
im Escorial (aus dem XVI.

Jahrhundert) eine fchwache Anfchauung. Es ift fraglich, ob fich in die antiken
fepulcral-fymbolifchen Darftellungen fpecififch chriftliche Bilder eingemifcht
haben (Fig. 57 u. 58); nur von dem in der Hauptnifche einft von *Ugenio* ge-
fehenen Monogramme Chrifti hat neuerdings *Mariano Armellini* noch deutliche
Spuren wieder entdeckt.

In die Claffe der den Grabkirchen verwandten Gedächtnifkirchen haben wir
vielleicht ein anderes der altchriftlichen Denkmäler Roms zu verfetzen: die Kirche
Santo Stefano rotondo auf dem Caelius. Aus der Gefchichte des merkwürdigen
Baues haben wir nur fehr wenige und architekturgefchichtlich wenig belang-
reiche Daten. Nach einer Nachricht im *Liber pontificalis* hat Papft *Simplicius*
(468—82) die Kirche geweiht, und ehemalige, im IX. Jahrhundert noch copirte
Infchriften meldeten die reiche Marmor-Incruftation und mufivifche Ausfchmückung
durch die Päpfte *Johann I.* (523) und *Felix IV.* (526—30), von denen der letztere
auch „das Forum der Kirche", d. h. den Peribolos fchmückte. Zu *Hadrian I.*

51
Santo Stefan-
rotondo.

Zeit (772–95) war die Kirche innen und außen reparaturbedürftig und erhielt
Balken von bedeutender Größe. Im Laufe des Mittelalters verfiel fie von Neuem,
fo daß zu Beginn des XV. Jahrhundertes *Flavio Biondo* fie ihres Daches über
der Mitte beraubt fand, wenn gleich der reiche Schmuck der Wände noch 1450
das Entzücken *Giovanni Rucellai's* war. Drei Jahre fpäter reftaurirte, laut der
erhaltenen Infchrift, *Nicolaus V.* den Bau, den er aber zugleich, nach *Francesco
di Giorgio's* Worten, bedeutend gefchädigt hat, und zwar durch Reduction feines
Umfanges, den er auf den heute noch fichtbaren Beftand (Fig. 59 [a]) befchränkte.
Die jetzige Abfchlußmauer des rings um den mittleren Kreis fich legenden
Raumes ift *Nicolaus' V.* Werk; er ließ hier den zweiten Kranz von Säulen bis
auf neun Intercolumnien (an verfchiedenen Stellen) vermauern und die urfprüng-

Fig. 60.

Santa M. Maria rotonda zu Rom. Inneres[b].

lichen Außenmauern des concentrifch gegliederten, kreisrunden Baues nieder-
legen. Im heutigen Beftande heben fich, außer dem fpäten Portikus vor dem
jetzigen Eingange, als nicht urfprüngliche Beftandteile die beiden hohen Säulen
des mittleren Kreifes mit ihren Bogen und den entfprechenden Pfeilern, die an
Stelle der Säulen im Säulenkranze getreten find, leicht hervor (Fig. 60 [b]); wir
haben in denfelben eine Zuthat von *Hadrian I.* zu erkennen, der in ihnen feiner
großen Balkendeckung eine Stütze fchuf. Etwas früher noch datirt die kleine
öftliche Apfis in der nur noch fragmentarifch erhaltenen, ehemaligen Abfchlußmauer; fie ift ein Werk des Papftes *Theodor I.* (642—49). Nach dem Befunde der
Refte der urfprünglichen Anlage, die fich in *Nicolaus' V.* verkleinerten Bau hin-
übergerettet haben, läßt fich der ältefte Bau, allerdings nur hypothetifch, in der

[a] Nach Letarouilly, a. a. O.
[b] Nach Knackfuß, a. a. O.

Fig. 61.

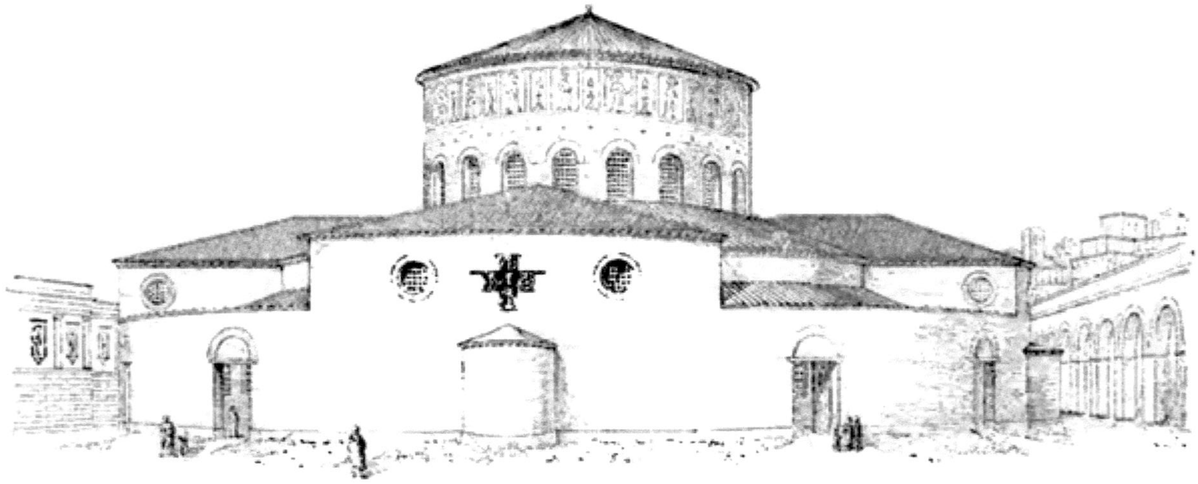

Santo Stefano rotondo zu Rom.

Aefferes[45].

in Fig. 59 dargeftellten Art im Grundrifs reconftruiren. Bemerkenswerth ift die Betonung zweier rechtwinkelig fich durchfchneidender Axen, die fich im zweiten Säulenringe durch Einftellen von je zwei Pfeilern und größere Höhe der dazwifchen ftehenden je vier Säulen markiren, während hinter diefen vier Räume, feitlich durch radiante Säulenftellungen begrenzt, bedeutendere Tiefe und zugleich größere Höhe, als die zwifchen ihnen liegenden vier Compartimente des äußerften Ringes erhalten. Die concentrifch zum Innenbau angelegten Abfchlufsmauern diefer vier größeren Räume in den Axen find dann endlich fortlaufend um den ganzen Bau herumgeführt, fo dafs fie die vier, auf drei Seiten fchon von den Abfchlufsmauern des äußeren Säulenringes und den radianten Quermauern der vorfpringenden Räume in den Axen eingefchloffenen, fchmalen Höfe auch nach außen feft begrenzten. Zahl und Lage der in diefe Höfe von außen führenden Thüren ift nur noch an zwei Punkten gefichert. (Fig. 61 [1]) zeigt die von *Hübfch* verfuchte Reconftruction des Aeußeren, bei der aber die Apfiden und der Mofaikenfchmuck zu tilgen find.)

Wie in die Reconftruction des Grundriffes, fo mifcht fich auch in die des ehemaligen Aufbaues manches Fragezeichen. Die 22 granitenen Säulen des inneren Kranzes erweifen fich durch die Verfchiedenheit in der Stärke der uncannellirten Schafte wie der Bafen und jonifchen Kapitelle als antike Spolien. Sie tragen ein horizontales Gebälke, während die Säulen des zweiten Ringes durch Rundbogen verbunden find und fich zudem durch die Zuthat von Kämpfern unterfcheiden, von denen diejenigen auf den größeren Säulen in den Hauptaxen mit dem Kreuze gefchmückt find. Ueber dem mittleren Säulenkranz erhebt fich ein Tambour von bedeutender Höhe; in feiner oberen Hälfte, über dem Anfchlufs der Pultdächer des Umganges, ift er von einem Kranze von 22 hohen und weiten, jetzt zum Theile vermauerten Fenftern durchbrochen. Ueber allen Räumen liegt ein horizontales Gebälke. Was gehört von diefem Aufbau in der Anlage der Gründungszeit an, was ift fpätere Veränderung? Die Frage ift fo fchwer zu entfcheiden, wie eine andere, ob die Grundrifsdispofition des Baues von einer antiken, außerkirchlichen Anlage abhängig ift. Einer Bejahung diefer letzteren Frage bedürfen wir, um überhaupt die feltfame Grundrifsbildung bei einem kirchlichen Bau zu erklären, nicht. Wenn uns heute auch das Abendland keine Analogien bietet, fo befaß fie doch und zeigt fie in Trümmern zum Theil noch heute der Orient: es find die Denkmalkirchen Paläftinas und Syriens, unter denen hier zunächft nur auf das nächftliegende Beifpiel, den Bau an der Todesftätte des Protomartyrs *Stephanus* bei Jerufalem, hingewiefen fein foll. Ob derart directe Beziehungen zwifchen ihm und der römifchen Stephanskirche obwalteten, wie fie bezüglich einer angeblichen Stiftung diefer durch *Placidia*, die Enkelin jener *Eudokia*, welche den Memorialbau bei Jerufalem errichtete, neuerdings von *Dehio* hypothetifch angedeutet wurden, fei dahingeftellt. *Effenwein* hat die Vermuthung ausgefprochen, es möchte Anfangs der mittlere Kreis unbedeckt gewefen fein. Dem fteht zunächft entgegen, dafs es fich hier in Rom ja nicht um einen wirklichen Memorialbau handelte, wie in Jerufalem, fondern nur um eine Nachbildung, bei der der leere, dachlofe Mittelraum bedeutungslos und finnlos wäre; hier verfammelte fich die Gemeinde nicht zur Gedächtnifsfeier an einem Grabe oder einem durch ein fonftiges Ereignifs aus der Gefchichte des Märtyrers geheiligten Orte; hier

---

[1] Nach: Hübfch, a. a. O.

konnte es nur gelten, einen Bau zu errichten, der in der allgemeinen Form jenem paläſtinenſiſchen Heiligthum entſprach. Und ſodann, iſt nicht ſchon in *Sim-*

Fig. 62.

Lateranenſiſches Baptiſterium zu Rom. Inneres.

Nicius' Zeit, bei der Gründung der Kirche, der hohe Tambour mit dem Dach errichtet, ſo kann dieſe Neuerung erſt in *Hadrian's I.* Zeit fallen; das Papſtbuch,

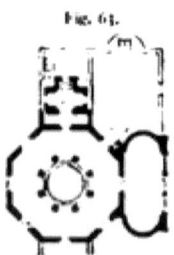

Fig. 63.

Lateranenſiſches Baptiſterium zu Rom. Grundriſs[*]. — 1/100 w. Gr.

das gewiſſenhaft die Reſtaurationen, bezw. Decorationen unter *Johann I.* und *Felix IV.* verzeichnet, würde eine ſo einſchneidende Aenderung nicht mit Stillſchweigen übergangen haben. Und iſt es ſchlieſslich glaubhaft, daſs *Hadrian* den Eindruck des mächtigen Tambours von vornherein, gleich bei ſeiner erſten Anlage, durch die mitten hinein geſtellten Säulen und Bogen ſo ſtark ſollte beeinträchtigt haben? Aber abgeſehen davon, das architektoniſche Können und Empfinden der Epoche *Hadrian's I.* war des Gedankens eines ſolchen mächtigen Mittelbaues überhaupt nicht mehr fähig.

In ähnlicher Ungewiſsheit bezüglich des einſtigen Zuſtandes wie bei *Santo Stefano rotondo* befinden wir uns auch beim dritten der altchriſtlichen Centralbauten in Rom, beim

[*) Nach. David & v. Bezold, a. a. O.

Baptifterium des Lateran (Fig. 62 u. 63[13]). Die Tradition von der Gründung deffelben durch *Silvefter I.*, den die Ueberlieferung hier die Taufe an *Conftantin* vollziehen läfft, mag auf fich beruhen; ficherer ift die Nachricht vom Neubau unter *Sixtus III.* (432—40). Waren in der Folgezeit die Aenderungen an diefem Bau auch nicht fo durchgreifend wie an der benachbarten Bafilika (fiehe Art. 19, S. 39), fo ift doch immerhin wenig genug in der ehemaligen Geftalt auf uns gekommen. Der Bau war wohl von Anfang an

Fig. 64.

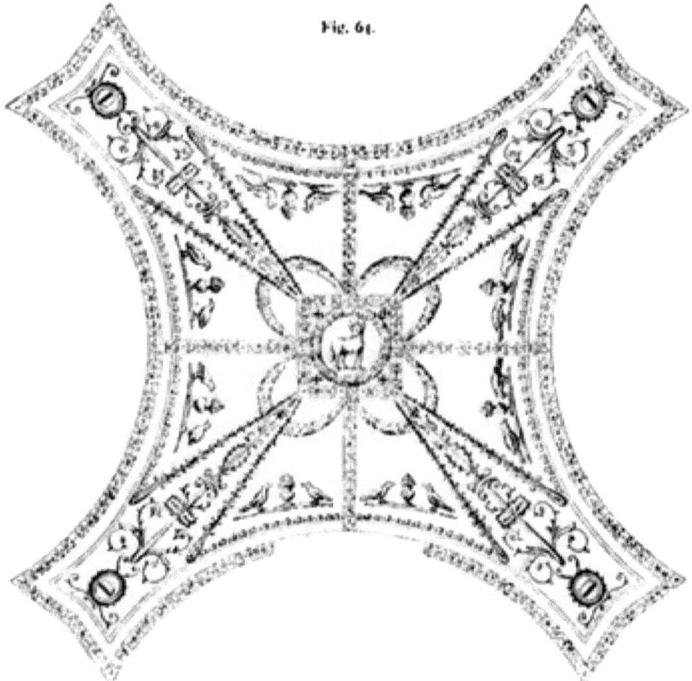

Mofaik im Lateranenfifchen Baptifterium zu Rom [13].

ein Octogon, dem füdlich (dem jetzigen Eingang gegenüber) eine Vorhalle vorgelegt war, welche fich mit einem, jetzt vermauerten Säulenportikus (2 Porphyrfäulen mit geradem Gebälke) nach außen öffnete und fich feitlich in zwei Apfiden ausweitete, deren eine, fpäter in ein Oratorium der h. *Rufina* und *Secunda* umgewandelt, noch die Mofaiken der Wölbung aus dem IV. Jahrhundert bewahrt. Dem Octogon des Hauptraumes entfprach im Inneren ein Kranz von acht Säulen mit darauf ruhendem Gebälke. Die Säulen haben Porphyrfchäfte mit verfchiedenen jonifchen, korinthifchen und compofiten Marmor-Kapitellen. Der Raum innerhalb der Säulen wird ganz von der tief liegenden, jetzt barock decorirten *Pifcina* ausgefüllt, dem großen Becken, in das die Täuflinge, entkleidet, zur Immerfion, zum völligen Untertauchen, hinabftiegen. Es

13) Nach GARRUCCI, a. a. O.

war ehemals aus Porphyr und (vielleicht an der Brüstung?) verfilbert; eine
Porphyrfäule erhob fich in der Mitte als Trägerin einer Schale zum Ver-
brennen von Räucherwerk. Aus einem goldenen Lamme und fieben filbernen
Hirfchen ergoß fich das Waffer in das Becken, auf deffen Brüftung die fünf
Fuß hohen filbernen Statuen Chrifti und des Täufers ftanden. Nur die acht
Porphyrfäulen an den Ecken der *Pifcina* find mit ihrem Gebälke erhalten ge-
blieben; fie waren eine Zugabe *Sixtus' III.*, deffen acht am Gebälke angebrachte
Diftichen in erneuerter Geftalt gleichfalls noch vorhanden find; vielleicht war diefe
Säulenftellung Anfangs nicht blofs als Schmuck, fondern zugleich zu dem prak-
tifchen Zwecke hinzugefügt, um dazwifchen die Vorhänge ausfpannen zu können,
die während der Taufhandlung das Innere des Baffins zu verhüllen pflegten.

Ueber den anfänglichen Aufbau des ganzen Raumes find wir völlig im
Dunkeln. Der Gedanke an einen urfprünglich offenen Mittelraum ift im Hinblick auf die hier fich vollziehende Handlung abzuweifen. An eine Ueberwölbung
ift mit Rückficht auf die Schwäche der Aufsenmauern nicht zu denken. Eine
fpätere Anficht des Inneren (auf einem Stiche des XVII. Jahrhundertes) zeigt
uns über dem Umgange ein Gewölbe, in das vom Mittelraum her acht Rundbogen über den Säulen-Intercolumnien mit Stichkappen einfchneiden. Diefe
zwifchen kurze Pfeiler gefpannten Bogen, die das Gebälke über den unteren
Säulen entlaften, tragen in ihrem unteren Theile eine Kuppel mit Fenftern.
Welcher Zeit diefe oder eine ähnliche Anlage entftammt, ift ganz ungewifs. Eine
fpätere Periode hat die Bogen durch eine zweite, kleinere Säulenftellung mit
Gebälke erfetzt und darüber eine hölzerne Kuppel conftruirt.

Die kleinen, dem Baptifterium durch Papft *Hilarus* (461—68) und Andere
angefügten Oratorien zeigen theilweife die Form des griechifchen Kreuzes mit
kurzen, tonnengewölbten Armen; in dem einen diefer Anbauten, *San Giovanni
Evangelifta*, ziert das Gewölbe noch die mufivifche Decoration des V. Jahrhundertes (Fig. 64¹).

b) Ravenna.

1) Bafiliken.

Den altchriftlichen Monumenten Roms wird mit Unrecht vielfach die Ge-
fammtgruppe der ravennatifchen Bauten als etwas von jenen fich wefentlich
Unterfcheidendes gegenüber geftellt. In Wirklichkeit liegt die Differenz nur in
Nebenfächlichem, fo lange nicht (von der Mitte des VI. Jahrhundertes ab)
fpecififch byzantinifche Einflüffe fich in Ravenna geltend machen. Es beruht
lediglich auf mangelhafter Kenntnifs des Gefammtbildes der altchriftlichen Architektur, wenn man beifpielsweife die Verbindung der Säulen mit Bogen ftatt des
geraden Gebälkes oder die Anordnung zweier Nebenapfiden neben dem Presbyterium als etwas fpeciell Ravennatifches hinftellt oder den Kirchen Ravennas
das Atrium abfpricht. Nicht in der Grundrifsdifpofition oder im Aufbau der
Monumente weicht Ravenna von Rom und anderen Orten ab; nur in einzelner,
namentlich decorativer Ausführung, wie der Bildung einzelner Säulenkapitelle,
und der, gleich dem Säulenmaterial des prokonnefifchen Marmors, gleichfalls
dem Often entlehnten Vorliebe für polygone Ummantelung der Apfis und endlich in der cylindrifchen Form der Thürme bietet Ravenna befondere Züge in
dem Gefammtbilde der abendländifchen Kirchen-Architektur. Die Behandlung
der Backfteinmauern mit Lifenen und Bogen ift nicht fpeciell ravennatifch; ver-
wandte Erfcheinungen bietet auch Rom.

Die Centralanlagen Ravennas fügen ſich der Reihe der aus der Antike entlehnten Octogonbauten ein; nur *San Vitale* iſt ein bedeutſames Glied in der Kette der Verſuche, das Problem des Central- und Kuppelbaues in Verbindung mit Emporen zu löſen. Zwei Mauſoleen endlich (*Galla Placidias* und *Theodorich's* Gräber) ſind an ſich intereſſant, aber für die Weiterentwickelung der kirchlichen Baukunſt von keinem Belang.

Um die Wende des IV. und V. Jahrhundertes tritt Ravenna in die Geſchichte der chriſtlichen Bau-kunſt ein. Ein politiſches Ereigniſs, die Verlegung des weſtrömiſchen Kaiſerſitzes in die von Sümpfen umgebene, gegen die Einfälle nordiſcher Barbaren leichter zu ſchützende Stadt, nahe der Flottenſtation der Adria, wirkte bedeutſam auf die bauliche Ent-wickelung des alten Biſchofsſitzes ein, der ſich bis-her mit ärmlichen, aller Schönheit baren Cultusſtätten begnügt hatte. Die wechſelnden Schickſale der fol-genden Jahrhunderte haben der künſtleriſchen Ent-faltung der Stadt keinen Einhalt gethan; vielmehr hat gerade der Wechſel der Herrſchaft, die von Weſt-rom auf den Herulerfürſten *Odoaker*, dann auf den Oſtgothenkönig *Theodorich* und von dieſem wieder auf Byzanz überging, dem Bilde der Stadt ſtets neue, bedeutſame Monumente eingefügt. Erſt als nordiſche und italiſche Fürſten und Städte (*Carl der Groſse*, *Sigismund Malateſta*, Venedig) ſich plündernd an dem

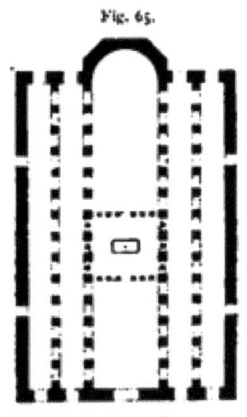

Fig. 65.

Ehemaliger Dom zu Ravenna[*] ¹⁄₁₀₀ w. Gr.

glänzenden Material Ravennas vergriffen, begann in dem leuchtenden Bilde ein Zug nach dem anderen zu verblaſſen; auf die Zeit der Blüthe und Reife folgte der Winterſchlaf; wie ein Traum umfängt den Wanderer noch heute das Bild der ſtillen, vereinſamten Stadt mit den altersgrauen Zeugen einer glänzenden Vergangen-heit, da Ravennas Biſchöfe ſich den Nachfolgern Petri gleichberechtigt wähnten.

Mit Rom hat Ravenna das Schickſal getheilt, daſs die Hauptzeugen kirch-licher Baupracht ſpäterem Erſatz zum Opfer fielen oder, wie in der Hafenſtadt Claſſis, gänzlich vom Erdboden verſchwanden, als ſeien die Wogen des nahen Meeres darüber gegangen; nur ein Bau, des *Apollinaris* ehemalige Ruheſtätte, iſt hier aufrecht geblieben; von der glänzendſten Schöpfung, der *Eccleſia Petriana* und ihrem Baptiſterium wie von allen übrigen Monumenten haben wir nur noch ſpärliche ſchriftliche Kunde.

Die Apollinaris-Baſilika in Claſſis gehört zu den ſpäteſten Gründungen der altkirchlichen Periode; die Monumente in Ravenna ſelbſt gehen ihr bis auf *San Vitale* vorauf. Gleich in *Honorius'* Zeit erſtand durch die Fürſorge des Biſchofs *Urſus* die ſpäter nach ihm benannte Hauptkirche der Stadt, die *Baſilica Urſiana*, der Auferſtehung, *Anaſtaſis*, geweiht. Der groſse fünfſchiffige Bau fiel einer totalen Moderniſirung im vorigen Jahrhundert zum Opfer; nur in einer ober-flächlichen Skizze (Fig. 65 ¹⁰) hat ſich ſein Grundriſs erhalten, und nur ganz ver-einzelte Stücke ſeines Inneren ſind in den Neubau hinübergenommen, wie zwei Syenitſäulen ſeines Mittelſchiffes oder die zwei Säulen aus griechiſchem Marmor, die ehemals den Triumphbogen ſtützten. Im Mittelſchiff war durch Schranken

¹⁰) Nach: Seroux d'Agincourt, *Hiſtoire de l'art par les monuments etc.* Paris 1810-23. – Deutſch von F. v Quast, Berlin 1840.

der Platz eines zweiten Altars umfriedigt; unter dem jetzigen Chor befindet fich
noch die neuerdings wegen Grundwaffer unzugängliche Krypta von ringförmiger
Geftalt, deren Decke auf verfchiedenartigen Säulen ruht. Ihr Alter ift unbeftimmt
und reicht wohl kaum über das VIII. oder IX. Jahrhundert hinauf.

Fig. 66.

Sant' Apollinare nuovo zu Ravenna. — Inneres.

Vom alten Ambon, dem ftufenerhöhten marmornen Lefepult, haben fich noch
die Mitteltheile mit ihren convexen Flächen erhalten, auf denen chriftliche Symbole in zahlreichen Feldern erfcheinen.

5*

Auch ein feltenes Beifpiel einer nicht den Subfellien der Apfis feft einge-
fügten, marmornen, fondern einer ifolirten hölzernen Cathedra mit reichem
Sculpturenfchmuck aus Elfenbein ift im Dom erhalten, nach dem Monogramm
der Vorderfeite ein Werk aus der Zeit des Bifchofs *Maximian* (546—56), der
in den Mofaiken von *San Vitale* im Gefolge des *Juftinian* erfcheint. Der-

Fig. 67.

Palaft des *Theodorich* zu Ravenna [18].
Mofaik in *Sant' Apollinare nuovo.*

felbe Kaifer hatte dem Vorgänger *Maximian's*, dem Bifchof *Victor* (539—46)
den ganzen Jahresertrag der Steuern Italiens gewährt, um an Stelle des alten
hölzernen Ciboriums ein neues aus Silber im Gewicht von 2000 Pfund zu fetzen;
1512 wurde es von den Franzofen geraubt.

Fig. 68.

Mofaik in *Sant' Apollinare nuovo* zu Ravenna
Darftellung der Hafenftadt.

Seitdem der Dom von Ravenna feine Geftalt vollkommen gewandelt, bieten
die beiden Apollinaris-Kirchen das treuefte Bild der Kunft der altchriftlichen
Zeit. *Sant' Apollinare in Claffe* ift in Juftinianifcher Zeit erbaut; *Sant' Apollinare
nuovo* empfing den Leichnam und Namen des Heiligen erft im IX. Jahrhundert;
gleichwohl ift diefe Kirche der ältere Bau, der Anfangs auf den Namen des
h. *Martin* geweiht war, mit dem Beifatz *in coelo aureo*, den ihm der Schmuck
der goldftrahlenden Decke erworben hatte (Fig. 66 bis 68). Gründer der Kirche

18) Nach: Mothes, O., Die Baukunft des Mittelalters in Italien etc. Jena 1882—84.

Fig. 69.

Westseite.

Fig. 70.

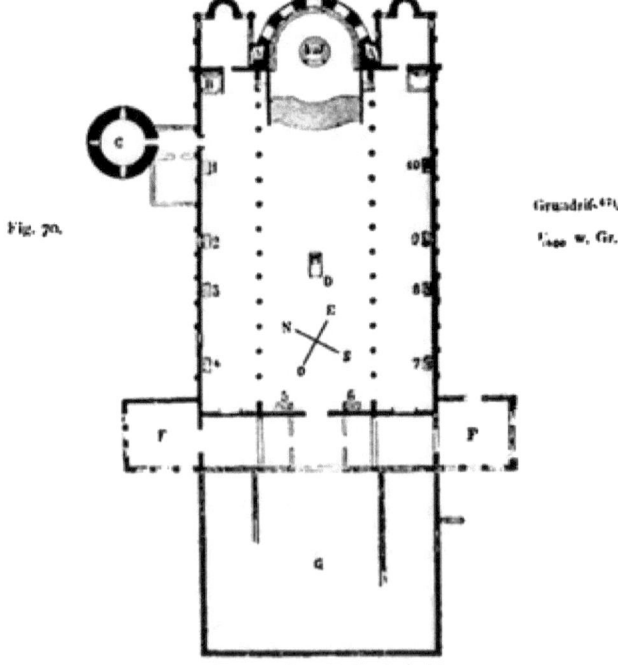

Grundriß.

¼₀₀ w. Gr.

Sant' Apollinare in Classe bei Ravenna.

ift *Theodorich*; nach dem Ende der Gothenherrfchaft wurde die arianifche Bafilika durch Bifchof *Agnellus* (553—66) den Katholiken zurückgegeben. Die künftlerifche Form des Monumentes wurde von diefem Wechfel nicht berührt; auch der mufivifche Schmuck des Inneren blieb unberührt und wurde von *Agnellus* vervollftändigt. Schaden erlitt der Bau zur Zeit *Johannes' VI.* (613—30) durch den Einfturz der Apfis, die fpäter, im XVI. Jahrhundert, völlig umgebaut wurde. Zugleich hat fich das nördliche Seitenfchiff mit Capellen verfchiedener Zeiten und wechfelnder Form umfäumt; das Atrium hat feine Säulenhallen bis auf eine, zum Theil modernifirte, eingebüßt; in die Façadenmauer wurde ein grofses

Fig. 71.

Sant' Apollinare in Claffe. — Inneres.

zweitheiliges Fenfter gebrochen, während die Oeffnungen des cylindrifchen Glockenthurmes zum Theil vermauert wurden; endlich hat man die gefammte Kirche im Anfang des XVI. Jahrhundertes, bei forgfältiger Confervirung der Arcaden und Mittelfchiffmauern, auf ein erhöhtes Niveau geftellt; eine abermalige allmähliche Erhöhung des umliegenden Terrains machte dann das Einziehen eines neuen, etwas höher liegenden Pavimentes nöthig, wodurch die Bafen der Säulen begraben wurden (die jetzt fichtbaren find nur Scheinzuthaten). So hat die Kirche aus der älteren Periode lediglich das Mittelfchiff als Ganzes herübergerettet. Je zwölf uncannellirte Säulen mit gleichmäfsigen, byzantinifchen Kapitellen und Kämpfern darüber tragen die Bogen, deren Laibungen im XVI. Jahrhundert caffettirt wurden; auch die Medaillons in den Zwickeln wurden damals hinzugefügt. Der Mofaikenfchmuck der breiten Zonen zwifchen den Bogen und Fenftern, Proceffionen (füdlich) männlicher und (nördlich) weiblicher

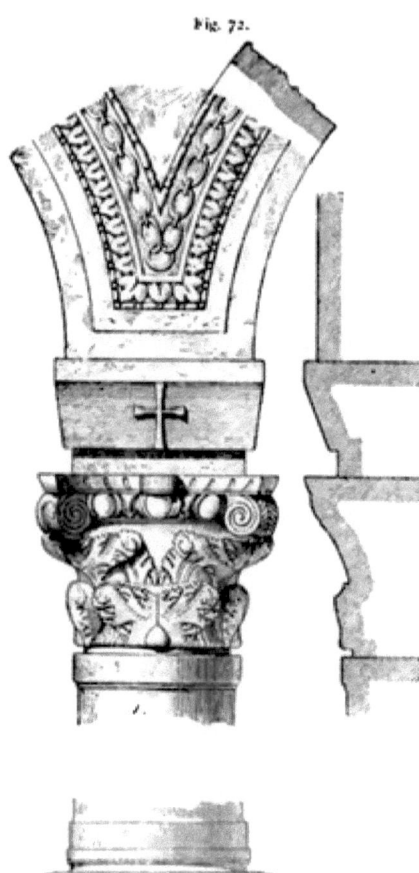

Fig. 72.

Säulen-Kapitell und -Basis in Sant' Apollinare in Classe.

Märtyrer, entflammt der Zeit des *Agnellus* und ift vielleicht als Erfatz älterer, arianifcher Bilder aus *Theodorich's* Zeit anzufehen; darüber ftehen zwifchen den Fenftern, die, aufser am Anfang und Ende, über jedem Arcaden-Intercolumnium fitzen, je 15 über-lebensgrofse Einzelgeftalten: würdig ernfte Männer mit Schriftrollen oder Büchern in den Händen; eine Mufcheldecoration über ihren Häuptern giebt ihnen mit den feitlichen Einrahmungen der Fenfter eine nifchenartige Umgrenzung. Ueber den Fenftern felbft haben kleinere, queroblonge Mofaiken mit Darftellungen aus dem Leben Chrifti ihren Platz gefunden. So ift uns hier ein reiches Syftem malerifcher Ausfchmückung des Inneren in feltener Vollftändigkeit erhalten, deffen Anblick den Verluft der einft den Cyclus ergänzenden Bilder des Presbyteriums und der Eingangswand fchmerzlich empfinden läfst.

Mufs auch auf die eingehende Betrachtung des werthvollen Inhaltes diefer Mofaiken hier verzichtet werden, fo fichern fich doch zwei Details derfelben auch im vorliegenden Halbbande einen Platz, in fo fern fie architektonifche Vorwürfe illuftriren. Die beiden genannten Reihen von heiligen Männern und Frauen, die fich zu den Thronen Chrifti und der Madonna hinbewegen, gehen aus von zwei durch Beifchriften gekennzeichneten Oertlichkeiten. Die Reihe der Märtyrer auf der rechten Seite ift aus der Stadt Ravenna herausgetreten (Fig. 67). Ueber einem von Thürmen flan-kirten, rundbogigen Thore mit Zinnenkranz giebt die Ueberfchrift *Civitas Ravenn(a)* die Oertlichkeit an, die nur gleichfam fummarifch in wenigen Bauten vorgeführt wird. Den ganzen Vordergrund links vom Thore nimmt der durch die Infchrift *Palatium* als Herrfcherfitz des Gothenkönigs gekennzeichnete, reiche Bau ein, der vielleicht eine der Façaden, vielleicht auch eine Hoffeite des Palaftes reproducirt. Er ift in Säulenarcaden ge-

Fig. 73.

öffnet; reiche Vorhänge, in Ringen an eifernen Stangen und unten gerafft, hängen in den Intercolumnien. Von letzteren ragen die drei mittleren durch Breite und Höhe über die je drei feitlichen hervor; ein Giebel vereinigt fie zu einer großen Portalgruppe. Die feitlichen Arcaden tragen ein Obergefchofs mit kleineren Säulengalerien; Victorien erfcheinen in den Zwickeln der Arcaden. In wie weit diefem Bilde die Wirklichkeit entfprach, entzieht fich der Beurtheilung; *Theodorich's* Palaft ift verfchwunden, und der jetzt neben *Sant' Apollinare* ftehende Ziegelbau mit der derben Portalumrahmung, der Flachnifche und den Säulchen tragenden Confolen ift wohl ein fpäteres Werk oder zum mindeften, in Anbetracht der großen Diffe-renz in der Höhenlage feiner Portalfchwelle und des einftigen Paviments der dicht benachbarten Kirche, in der Folgezeit

Pilafter-Kapitell in
Sant' Apollinare
in Claffe.

modificirt[*]. Auf dem Mofaik werden hinter den Dächern des Palaftes Bafiliken und Rundbauten, fo wie der Zinnenkranz der Stadtmauer fichtbar; vielleicht haben wir in den Gebäuden der rechten Seite *Sant' Apollinare nuovo* *(San Martino)* und das ehemals daneben befindliche Baptifterium, in denen zur Linken *Santo Spirito* und feine Taufkirche *(Santa Maria in Cos-medin)* zu fehen, die vom Gothenkönig errichteten Kirchenbauten. Bemerkens-werth ift, dafs der Thurm von *Sant' Apollinare* fehlt (fiehe Art. 36, S. 78).

Fig. 74.

Der Darftellung des Palaftes gegen-über zeigt das Mofaik der linken Seite des Mittelfchiffes (Fig. 68) als Ausgang der Proceffion der heiligen Frauen die Hafenftadt Claffis. Thor und Mauer find dem Bilde Ravennas ähnlich; zwei wei-tere, vierfeitige Thürme begrenzen die Hafeneinfahrt; zwifchen fie hindurch fchweift der Blick über das von Schiffen belebte Meer. Der architektonifche Cha-rakter der Bauten innerhalb der Mauer ift von denen Ravennas verfchieden; hier in Claffis herrfcht der Profanbau vor; ein Amphitheater, ein Aquäduct und Anderes treten bedeutfam hervor.

Säulen-Kapitell der Hercules-Bafilika
zu Ravenna.

[*] Ein großer Theil der reichen decorativen Ausftattung des Palaftes mit Marmor und Mofaiken wurde, zufammen mit der Reiterftatue des *Theodorich*, von *Carl dem Großen* zum Schmuck feiner Refidenz nach Aachen übertragen; Refte reicher Mofaik-Fufsböden fand man noch vor wenigen Jahren in den benachbarten Gärten der Menghini. Ihr König pries fein Werk als eine Zierde feines Reiches, ein redendes Zeugnifs feiner Macht, deffen wunderbare Schön-heit das Staunen fremder Gefandter errege. (*Caffiodor, Var. VII, 5*).

Erhalten hat fich, wie fchon bemerkt, von allen Bauten in Claffis allein die

76.
Sant Apollinare
in Claffe.

Bafilika des h. Apollinaris. Sie ift eines der letzten in der Reihe der altchrift-

Fig. 75.

*Cathedra in
Sant' Apollinare
in Claffe.
Nach W. Git.*

lichen Monumente der Stadt. Der Bifchof *Urficinus* (535—38) liefs fie durch *Julianus Argentarius* errichten; aber erft fein Nachfolger *Maximianus* hat fie 549 geweiht. Reichlich $\frac{1}{2}$^m unter dem heutigen Boden verbergen fich noch die Fundamente des ehemaligen Atriums (Fig. 70^d); nur die öftliche Halle deffelben, zu einem gefchloffenen Narthex (nach altravennatifchem Sprachgebrauch *Ardica*) vermauert, fteht heute noch aufrecht (Fig. 69); von den zwei feitlichen Flügelbauten derfelben ift der füdliche vor einigen Jahren abgebrochen; der nördliche hat feine ehemals offenen Pfeilerarcaden durch Zumauerung verloren. Drei Thüren (die feitlichen jetzt vermauert) führen aus der Vorhalle in das

Fig. 76.

Apfis-Mofaik in Sant' Apollinare in Claffe^70.

dreifchiffige, 55,09^m lange und 29,74^m breite Innere (Fig. 71), das fich ehedem durch fechs weitere Thüren in den Seitenfchiffen direct nach aufsen öffnete. Zweimal zwölf Säulen tragen hier die auf Bogen ruhenden Obermauern, deren

Fenſter, die an Zahl einſt den Intercolumnien entſprachen, bis auf zwei an jeder Seite vermauert find. Ein dreitheiliges, mit zwei Säulen geſchmücktes Fenſter ließ auch durch die Oberwand der Façade Licht eindringen, und die Seitenſchiffe endlich waren mit einer gleichen Fenſterzahl wie jeder Obergaden des Mittel-ſchiffes verſehen.

Fig. 77.

Ciborium in *Sant' Apollinare in Claffe.*

Die aus geädertem, hymettiſchem Marmor gebildeten Säulen find in jeder Beziehung bemerkenswerth. Ueber einem Poſtament mit rautenförmiger Ornamentirung (Fig. 72) zeigen ſie eine ſchwächliche Bafis und am Ablauf wie Anlauf des Schaftes eine ringartige, unſchöne Verſtärkung. Die Compofit-kapitelle (Fig. 72; vergl. auch Fig. 73) weiſen jene ſcharfzackige Blätterbildung mit den durch Bohrlöcher angedeuteten Rippen und ſtarken Unterhöhlungen auf, wie ſie ähnlich ſchon an den mit dem Monogramm des *Theodorich* geſchmückten

Säulen auf dem Marktplatz von Ravenna erfcheinen, welche einft zu der öffentlichen Bafilika des *Hercules* gehörten (Fig. 74). Ein unten eingezogener Kämpfer
mit dem Kreuz nimmt das breite Bogenauflager auf. Die Höhe der Säulen beträgt 4,66 und ihr Durchmeffer 0,67 ᵐ. — Der Mofaikenfchmuck des Mittelfchiffes
ift längft verfchwunden; fpäte Medaillon-Bildniffe ravennatifcher Bifchöfe ziehen

Fig. 78.

Blendbogen und Gefimfe
an Sanf Apollinare in Claffe.

Fig. 80.

Gefimfe von Santo Stefano rotondo zu Rom.

Fig. 79.

Lifenen und Blendbogen
an Santa Pudenziana zu Rom.

fich, ähnlich wie in *St. Paul* bei Rom, über den Arcaden hin und fetzen fich in
den Seitenfchiffen fort. Die reiche Marmor-Incruftation hier raubte 1450 *Sigis-
mondo Malatefta* zum Schmucke von *San Francesco* in Rimini. Verfchwunden
ift auch das Marmorpaviment mit feinem *Opus Alexandrinum*, verfchwunden die
reich caffettirte, mit Sternen auf blauem Grunde gefchmückte Decke, die noch
im Anfang des IX. Jahrhundertes durch einen Meifter *Chryfaphius* aus Rom
reftaurirt wurde.

Nur die Apfis bewahrt noch ihre alte Decoration. Sie ift in byzantinifcher Art aufsen polygon (fünffeitig) geftaltet; jeder Seite entfpricht ein hohes, weites Fenfter. Zwölf Stufen einer barock gefchweiften, im vorigen Jahrhundert reftaurirten Treppe führen, in ganzer Breite des Mittelfchiffes, zum Presbyterium hinauf; feitwärts davon liegen die Zugänge zu dem an der Halbkreismauer der Apfis fich hinziehenden Gange (Fig. 75), von dem ein rückwärts abzweigender Stollen, in der Mittelaxe des ganzen Baues, zum Grabe des Heiligen unter dem Altar führt, ein Vorläufer der fpäteren, grofsräumigen Krypten, wie wir Analoga auch in Rom *(Santa Praffede, San Pancrazio)* finden. Die genaue Datirung der erften Anlage ift bei keinem der genannten oder weiterer, durch eine halbkreisförmige Säuleneinftellung erweiterter Beifpiele (Dom von Ravenna [fiehe Art. 33, S. 66], *San Francesco* dafelbft) gefichert [19].

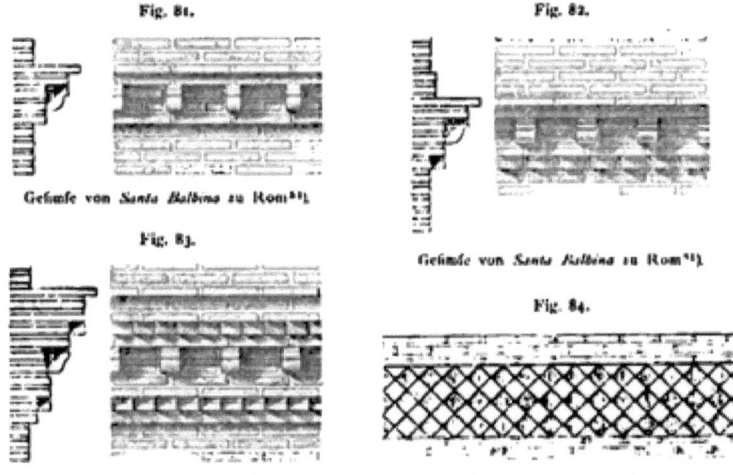

Fig. 81.

Gefimfe von *Santa Balbina* zu Rom [21].

Fig. 82.

Gefimfe von *Santa Balbina* zu Rom [21].

Fig. 83.

Gefimfe von *Santa Balbina* zu Rom [21].

Fig. 84.

Fries am Thurm von *Sant' Apdlinare* in Claffe.

Von der mufivifchen Ausfchmückung des Presbyteriums giebt Fig. 76 [20]) eine Anfchauung; die Seitenwangen des ehemaligen Bifchofsftuhles des *Damianus* (688—705) bilden jetzt den Abfchlüffe der Priefterbank; die Säulen des im Anfang des vorigen Jahrhundertes errichteten Tabernakels entftammen dem Altar-Ciborium des Bifchofs *Dominicus* (889—98), das feinerfeits an die Stelle eines folchen aus Silber getreten war. Ein getreueres Bild der alten Ciborienform bietet uns der Altarüberbau am Ende des linken Seitenfchiffes, vom Schluffe des IX. Jahrhundertes; als oberer Abfchlufs ift nach Analogie anderer Monumente eine Pyramide zu denken (Fig. 77).

Beachtung verdient das Aeufsere der Kirche. Die Ziegel-Conftruction tritt hier überall offen zu Tage und war offenbar von Anfang an auf ihre eigene Wirkung, ohne wefentliche Beihilfe von Putz, Bemalung oder Mofaicirung, berechnet.

---

[19] Siehe des Verf. mehrfach genanntes Buch, S. 118.

[20] Nach: Gsuueri, a. a. O.

[21] Nach: Hübsch, a. a. O. — und: Moran, a. a. O.

Fig. 85.

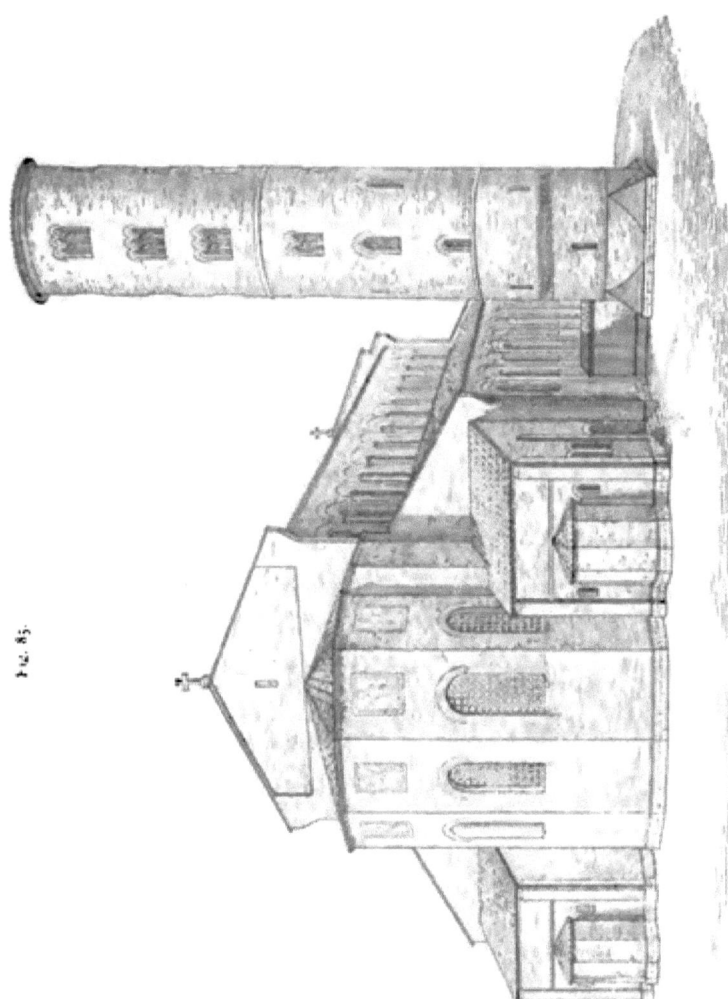

Sant' Apollinare in Classe. — (Ostseite*).

Lifenen mit einfachem, aus vorkragenden Ziegelfchichten gebildeten Kapitell erheben fich zwifchen den Fenftern als Träger grofser Rundbogen; ein einfach verftändig gebildetes Gefims fchliefst die Mauern ab (Fig. 78). —

Fig. 86.

Thurm am Dom zu Ravenna.

Fig. 87.

Thurm von *Santa Maria in Comedin* zu Rom.

Des Vergleiches wegen fügen wir hier einige im Motiv ähnliche Einzelheiten römifcher Kirchen ein, bei denen die Zeit der Ausführung allerdings nicht zu beftimmen ift (Fig. 79 bis 83*). Ein anderes Motiv zeigt der Fries am unteren Theil des Glockenthurmes (Fig. 84). Der letztere, deffen ifolirte Stellung neben der Bafilika (Fig. 85**) und cylindrifche Form in Ravenna Seitenftücke bei *Sant' Apollinare nuovo*, fo wie beim Dom (Fig. 86) finden, ift in feinem Alter nicht beftimmbar; auch von den Vermuthungen über die Gründe zur Aufnahme der Thürme in den Kirchenbau hat fich bisher keine als irgend wie motivirt erweifen laffen. Wir begnügen uns, auf den Unterfchied in der Formbehandlung hinzuweifen, der zwifchen Ravenna und Rom befteht; bei den römifchen Thürmen (Fig. 87) ift ftets das Quadrat als Bafis genommen, und durch confolengefchmückte Gurtgefimfe find zahlreiche Stockwerke angedeutet, in denen, von unten auffteigend, ein-, zwei- und dreitheilige Fenfter angebracht find.

2) Centralbauten.

Der bedeutendfte der ravennatifchen Centralbauten, *San Vitale*, hat, wie in Art. 33 (S. 66) angedeutet, feinen Platz in der Reihe der fpäter zu befprechenden byzantinifchen Bauten einzunehmen; hier gilt es zunächft, die übrigen, kleinen Centralanlagen Ravennas einzufügen. Zwei unter ihnen find Baptifterien; zwei andere gehören in die Claffe der Grabbauten. Von den Taufkirchen erhebt fich eine, *San Giovanni in fonte (degli ortodoffi*, zum Unterfchied vom Baptifterium der Arianer) zur Seite des Domes. Es ift ein achtfeitiger Bau (Fig. 88 bis 90); eine

33.
San Giovanni
in fonte.

*) Nach: Höbsen, a. a. O.

Fig. 88.

Fig. 89.

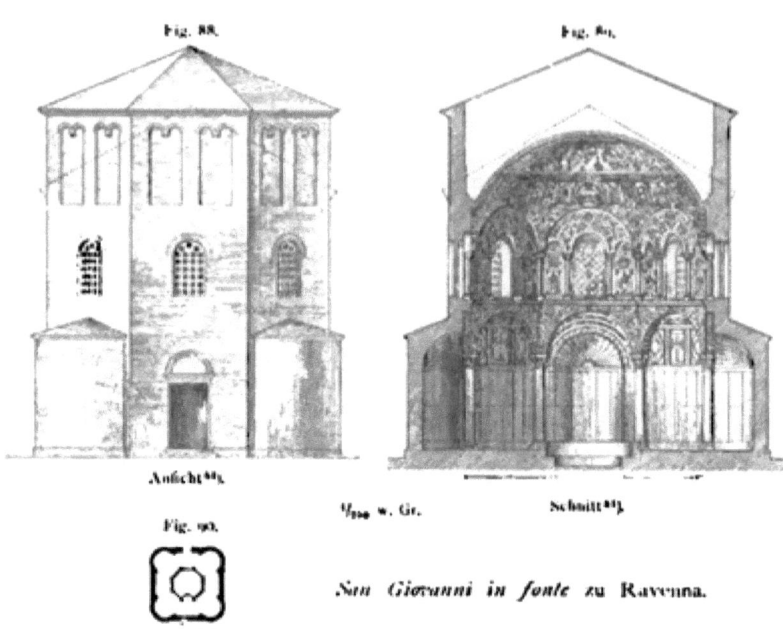

Anſicht[88].

Fig. 90.

¹/₂₀₀ w. Gr.

Schnitt[89].

Grundriß.
¹/₂₀₀ w. Gr.

San Giovanni in fonte zu Ravenna.

Seite enthält den Eingang; vier (in den Diagonalen) ſind im unteren Theile durch Apſiden erweitert; im oberen Theile einer jeden Wand ſind rundbogige Fenſter angebracht; Blendbogen, auf in die Ecken geſtellten Säulen ruhend, umrahmen oben und unten die Wände; über ihnen wölbt ſich oben die ſphä-riſche Kuppel. Die eigenthümliche Conſtruction derſelben mittels des denkbar leichteſten Materials iſt aus Fig. 91 u. 92 erſichtlich. Es iſt die ſchon in der ſpäteren Antike (z. B. Circus des *Maxentius* bei Rom) vereinzelt geübte, in Ravenna häufige Verwendung länglicher, unten zugeſpitzter, hohler und an der

Fig. 91.

Fig. 92.

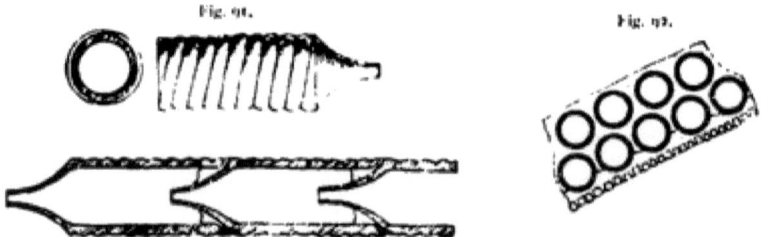

Vom Kuppelgewölbe in *San Giovanni in fonte* zu Ravenna.

[88] Nach: Esssenwein, a. a. O.
[89] Nach: Dehio & v. Bezold, a. a. O.

Außenfläche spiralförmig geriefelter Thongefäße, die vom Fuße bis zum Scheitel
der Kuppel in doppelter Lage in Spiralen auffteigend, ein außerordentlich geringes Gewicht befitzen. Auf dem Mörtelüberzug der unteren Kuppelfläche haftet
das in Fig. 93[33]) wiedergegebene Mofaik mit der Darftellung der Taufe Chrifti
und der zwölf Apoftel nebft der je vierfachen fymbolifchen Darftellung der

Fig. 93.

Mofaik in *San Giovanni in fonte* zu Ravenna[34].

Kirche unter den Bildern des Altars mit dem Evangelienbuch und des ver-
hüllten Thrones Gottes. Altartifch wie Thron ftehen in apfidengefchmückten
Säulenbauten, deren Grundlinien fich der architektonifchen Gliederung der acht
Baptifteriumswände ungezwungen anpaffen. Die letztere wird in der oberen
Zone durch concentrifche Arcaden gebildet, deren gefällige rhythmifche Glie-
derung dem Gefchick des unbekannten Meifters ein treffliches Zeugnifs aus-

ſtellt. Die auf den Eckſäulen mit breiter Deckplatte und darüber vorgekragten Conſolen ruhenden Schildbogen überſpannen je eine weitere und höhere mittlere, das Fenſter enthaltende Arcade, ſo wie je zwei kleinere ſeitliche, innerhalb deren wieder eine ſtuckirte Niſche mit Heiligengeſtalt ſichtbar wird. Die Flächen der Schildbogen wie der Zwickel über den großen Blendbogen der unteren Zone ſind reich moſaicirt, während im Uebrigen eine buntfarbige In-cruſtation Platz greift.

Bezüglich des Aeußeren iſt die Hypotheſe *Eſſenwein's* ſehr anſprechend, es möchte das obere Drittel des auffallend hohen Octogons mit ſeinen doppel-bogigen Blendniſchen erſt eine ſpätere Erhöhung darſtellen (vergl. die muthmaß-liche ältere Dachlinie in Fig. 89 u 90). Eben ſo kann eine andere, neuerdings von *Ricci* geäußerte Vermuthung auf Beifall rechnen, nach welcher dieſe um die Mitte des V. Jahrhundertes von Biſchof *Neon* gegründete Tauf-Capelle in einem Raume der älteren, an die *Eccleſia Urſiana* (ſiehe Art. 33, S. 66) gren-zenden Bäder eingerichtet iſt; die Grundform wie die auffallend tiefe Lage ſprechen dafür, und die alte Weihinſchrift läßt ſich zwangslos dahin deuten.

2°. Arianiſches Baptiſterion.

Den nämlichen Urſprung, in dieſem Falle aus dem *Balneum Dragonis (Draconis)*, nimmt *Ricci* auch für ein anderes, noch erhaltenes Baptiſterium zur Seite der arianiſchen Baſilika *Santo Spirito*, die heutige *Santa Maria in Cosmedin* in Anſpruch. Seine Grundform wie ſein Aufbau entſprechen demjenigen von *San Giovanni in fonte*; zwei Niſchen ſind ſpäter zerſtört; auch das Kuppel-Moſaik ahmt das jener erſteren Taufkirche nach.

3°. Mauſoleum der *Galla Placidia*.

Von den Mauſoleen Ravenna's gehört das eine der 450 geſtorbenen *Galla Placidia*, das andere dem Gothenkönig *Theodorich* an. Das erſtere iſt das ein-fachere von beiden, aber in ſeiner Art von nicht geringerer zwingender Macht des Eindruckes.

Der in beſcheidenen Dimenſionen gehaltene Bau (Fig. 94 bis 96 a) mit der Grundform des lateiniſchen Kreuzes (d. h. mit längerem weſtlichen Arm) ſchloß ſich mit ſeiner Eingangsſeite ehemals an die Vorhalle der nahe gelegenen, ſpäter verkleinerten Kirche *Sanctae Crucis* an. Die vier Kreuzflügel ſind von Tonnen-gewölben überſpannt; über ihrem Durchſchneidungspunkte, der Vierung, wölbt ſich auf unſchön vorgekragten Blendbogen eine Hängekuppel. Jede der von dieſen überhöhten Blendbogen umrahmten Schildwände enthält ein oblonges, flach geſchloſſenes Fenſter; je ein kleineres ähnliches findet auch in den Lunetten des öſtlichen und der beiden Kreuzflügel Platz. Vor dem im Oſtflügel frei auf-geſtellten mächtigen Sarkophag ſteht der Altar. Während die Wände bis zum Geſimſe am Gewölbefuß incruſtirt ſind, ſind die Wölbungen ſelbſt, wie auch die Kuppel, mit farbenprächtigem Glasmoſaik (goldene Sterne auf blauem Grunde und reiche Ornamentbänder) überzogen. Künſtleriſch wie inhaltlich bedeutende Figurendarſtellungen enthalten endlich alle Lunetten und die Schildwände unter der Kuppel. An maleriſchem Reiz wetteifern wenige Schöpfungen jener Zeit mit dieſem Innenraum. Das Aeußere zeigt alle Mauern durch die für Ravenna charakteriſtiſchen Liſenen und Rundbogen belebt. Satteldächer mit Giebel-abſchluß decken die Kreuzarme. Die Kuppel endlich iſt vierſeitig ſchlicht um-mauert.

4°. Grabmal des *Theodorich*.

In der Grundform wieder mehr der antiken Tradition genähert iſt das Mauſoleum des *Theodorich* († 526). Als Zehneck (Fig. 98 u. 99 a) baut es ſich zweigeſchoſſig auf. Das Untergeſchoß, gleich manchen römiſchen Gräbern mit kreuzförmiger, tonnengewölbter Kammer, iſt außen mit rechtwinkeligen, rund-

Fig. 94.

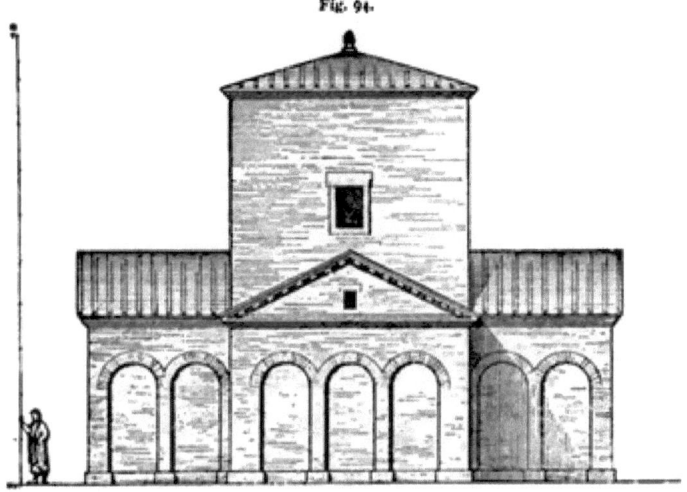

Anficht der Oftfeite. — ¹⁄₁₀₀ w. Gr.

Fig. 95.
Grundriß.

¹⁄₁₀₀₀ w. Gr.

Fig. 96.

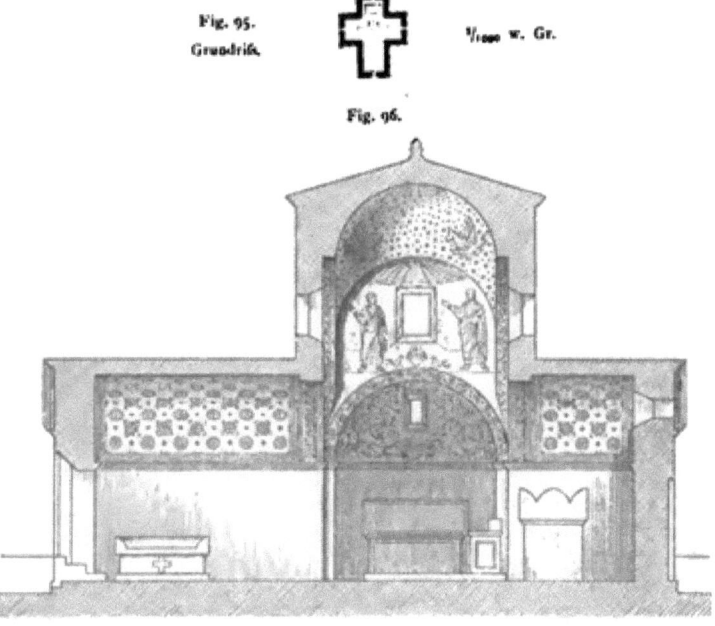

Durchfchnitt. — ¹⁄₁₀₀ w. Gr.

Maufoleum der *Galla Placidia* zu Ravenna²⁸).

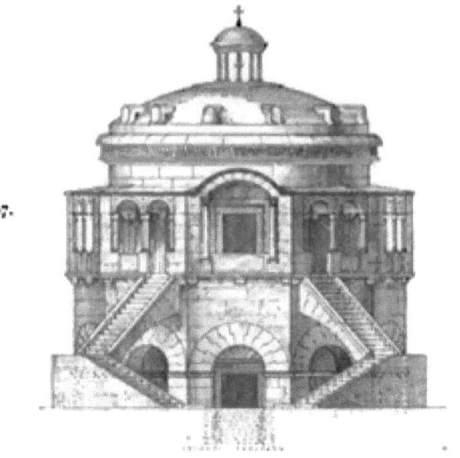

Fig. 97.

Ansicht.

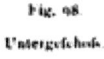

Fig. 98.
Untergeschoß.

Grund-Riß.

Fig. 99.
Obergeschoß.

Fig. 100.

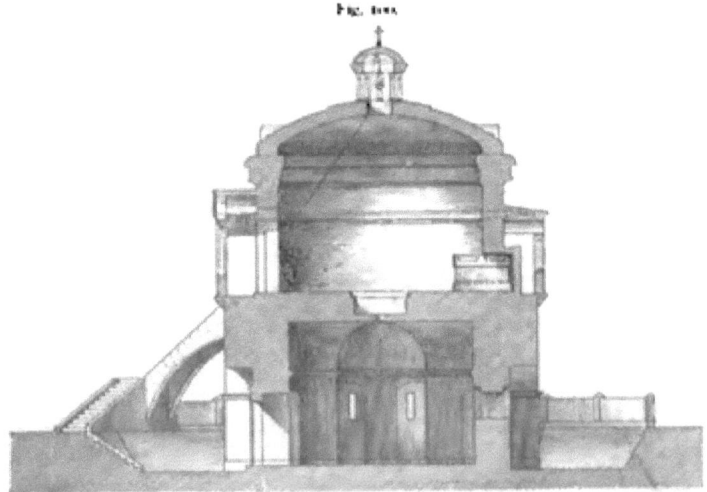

Durchschnitt.

Grabmal des *Theodorich* zu Ravenna[44]).

6*

bogig abgefchloffenen Nifchen gefchmückt; ein kräftiges Gefims bezeichnet den Anfang der Bogen, deren Form (verzahnte Keilfteine) aus Fig. 97[55]) erfichtlich ift. Die Wandftärke des im Inneren kreisrunden, aufsen gleichfalls zehnfeitigen Obergefchoffes ift gegen diejenige des Unterraumes fo weit verringert, dafs ein äufserer, auf Confolen noch fchwach vorgekragter Umgang gewonnen ift, der, jetzt offen, ehemals durch quer gelegte Tonnengewölbe auf Pfeilern und gekuppelten Säulchen überdeckt und mit einer Baluftrade verfehen war. Ueber das Dach diefer Galerie fteigt der Oberbau mit hier auch aufsen abgerundeten Mauern noch ein kleines Stück hinauf, um mit einem kräftigen, eigenthümlich verzierten Gefimfe abzufchliefsen, auf welchem der Rand der aus einem einzigen, gehöhlten Steine von angeblich 9400 Centnern Gewicht beftehenden Kuppel ruht. Die den Fufs der Kuppel zierenden, henkelartigen Glieder find in ihrer Bedeutung (ob ornamental oder ftructiv, d. h. als ehedem zum Heben des aus Iftrien herbeigebrachten Steines dienend) noch nicht erklärt; hypothetifch und wenig wahrfcheinlich ift die in Fig. 100[55]) von *Effenwein* zugefügte Laterne mit der Lampe darin. Ueber die Stellung der Gefimsornamente in der Entwickelung der decorativen Formen gehen die Anfichten aus einander, indem darin einerfeits verrohte antike Formen (Kymation etc.), andererfeits von den Gothen gebrachte, der Antike fremde Elemente gefunden werden. Die beiden zum Obergefchofs führenden Treppen find modern; es ift die Frage, ob fie in der urfprünglichen Anlage Vorgängerinnen hatten. Analogien zu unzugänglichen Obergefchoffen bieten die Grabbauten jener Zeit zahlreich (fiehe Art. 66).

Nach einer Infchrift hat im Anfang ein Park das Denkmal umgeben. Die Stellung des Sarkophags ift ungewifs.

c) Uebriges Italien.

1) Süd-Italien.

45.
Baptifterium
to Nocera.

Den gefchloffenen Gruppen der römifchen und ravennatifchen Denkmäler gegenüber bietet das übrige Italien aus der altchriftlichen Zeit nur fporadifche Refte und vereinzelte Darftellungen in der literarifchen und epigraphifchen Tradition. Es mufs uns hier genügen, die Sonderbildungen herauszuheben, die das allgemeine Bild der architektonifchen Entwickelung jener Zeit vervollftändigen helfen.

Im Süden der Halbinfel intereffirt der in der Nähe Pompejis gelegene Rundbau des ehemaligen Baptifteriums bei Nocera de' Pagani (jetzt *Santa Maria Maggiore*, Fig. 101 u. 102[55]). Auf die einftige Beftimmung des Baues weift die aufsen achtfeitige, innen runde, mit drei inneren Stufenabfätzen verfehene *Pifcina* inmitten des Gebäudes hin; in Reften noch vorhandene Säulen, die fich auf ihrem Rande erheben, haben wohl, nach Analogie beifpielsweife des lateranenfifchen Baptifteriums (fiehe Fig. 63, S. 63), ehedem ein Gebälke getragen. Im Grundrifs und Aufbau ift die ganze Anlage dem Maufoleum der *Conftantia* bei Rom (fiehe Fig. 54 bis 56, S. 56 u. 57) innig verwandt. Hier wie dort eine concentrifche Anlage, ein erhöhter Innenraum mit Kuppel auf einem Kranze gekuppelter Säulen, umgeben von einem ringförmigen Umgange mit Tonnengewölbe. Innerhalb diefer gemeinfamen Grundzüge zeigt fich indefs eine Reihe von Differenzen.

Die Vermuthung *Effenwein's*, die Apfis möchte erft fpäter angefügt fein, findet an fich in der älteren Gewohnheit apfidenlofer Taufkirchen eine Stütze in Ravenna find die je vier Nifchen nicht durch den Ritus bedingt worden, fondern rein formaler Natur, antiken Urfprunges oder in directem Anfchluß an die antike Grundrißbildung centraler Kuppelräume angelegt; fie greift zudem in den Gefammtorganismus äußerft ftörend ein; um ihretwillen fehlt jetzt das fechzehnte Säulenpaar und wölbt fich zwifchen den Nachbarfäulen der doppelt breite Bogen mit feinem höheren Scheitel.

Im Unterfchiede von *Santa Coftanza* fehlt hier das Gebälkeftück über den Säulen und eben fo der Tambour mit feinem Fenfterkranz. Die, wenn auch An-

Fig. 101.

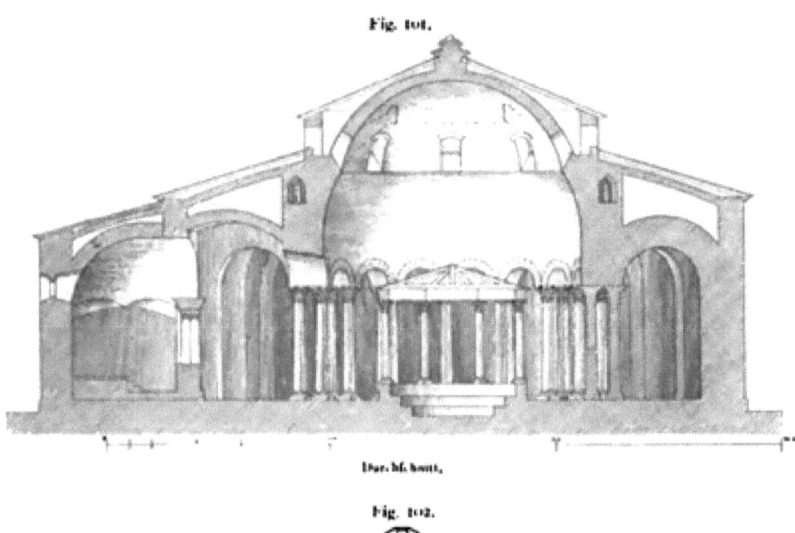

Durchfchnitt.

Fig. 102.

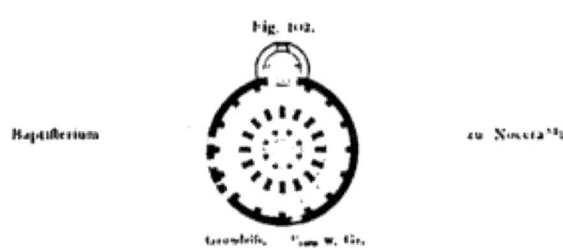

Baptifterium   zu Nocera.

Grundriß.   Nach W. Gr.

fangs noch mit lothrechter Fläche beginnende Kuppel laftet für das Auge fchwer und drückend auf dem Säulenkranz; in halber Höhe beginnt fie plötzlich ihre Wölbungslinie zu ändern und fteigt nach einer neuen Kreislinie, höher als anfänglich beabfichtigt, auf; an diefer Grenze fetzen die acht Fenfter mit ftark abgefchrägter Bank ein, die mittels der correfpondirenden Fenfter in der die Kuppel außen umgebenden, das Zeltdach tragenden Mauer indirectes Licht in das Innere führen. Ob, wie *Effenwein* vermuthete (fiehe Fig. 101). urfprünglich ein Opäon im Scheitel der Kuppel projectirt war, ift Angefichts der Beftimmung des Baues fehr fraglich. Charakteriftifch ift ferner die Verftärkung des Umganggewölbes durch Gurte, die fich von Pilaftern an der Außenwand erheben und an

Zahl den Säulenpaaren entsprechen, so wie endlich das Anbringen von Sporen, um dem Seitenschub der Kuppel zu begegnen. Ob hier spätere Zuthaten vorliegen, ist eben so fraglich, wie die Entstehungszeit des ganzen Baues überhaupt.

42. San Giorgio zu Neapel.

Neapel besitzt aus frühchristlicher Zeit nächst einigen in *Santa Restituta* neben dem Dom erhaltenen Resten noch die Sonderbildung einer mit Arcaden durchbrochenen Apsis, welche, jetzt in die modernisirte Kirche *San Giorgio Maggiore* verbaut, ehemals zu der im Anfang des V. Jahrhundertes gegründeten *Basilica Severiana* gehörte (Fig. 103[86]). Auf hohen korinthischen Säulen ruhen als Träger der Bogen Kämpfer, welche mit dem christlichen Monogramm geschmückt sind. Der Zweck solcher Apsisdurchbrechungen, am Neapeler Beispiel speciell nicht mehr erkennbar, war verschiedener Natur. Den Keim haben wir wohl in jenen *Transennae*, d. h. den durchbrochenen Marmorplatten zu suchen, wie

Fig. 103.

Apsis der *Basilica Severiana* zu Neapel[86].

sie, für die *Confessio*, das Grab unter dem Altar, gebräuchlich, auch in den sich unmittelbar berührenden Apsiden zweier an einander stossender Monumente, eines Grabbaues in Form einer *Cella trichora* und einer Cömeterial-Basilika verwendet wurden, um eine möglichst enge Verbindung des Grabraumes mit dem Erweiterungsbau der angefügten Basilika herzustellen. Bei Gelegenheit der Doppelbasilika *San Lorenzo fuori le mura* zu Rom (siehe Art. 27, S. 52) haben wir eine solche Anlage und ein noch erhaltenes Vorbild (*Santa Sinforosa*, Fig. 49 [S. 52]) kennen gelernt.

Fig. 104.

Bronze-Lampe zu St. Petersburg[88].

43. Basilika zu Nola.

Eine ähnlich grossartige Anlage schuf zu Anfang des V. Jahrhundertes in der Nähe Neapels der Bischof *Paulinus* am Grabe des heiligen *Felix* bei Nola. Mittels durchbrochener Apsiden communicirten dort die ältere Grabeskirche des Heiligen und der neue Prachtbau des *Paulinus*, dessen Gestalt und Ausstattung uns in den Dichtungen und Briefen des Letzteren noch erhalten ist[87]. Hier verdient

[86] Nach: De Rossi, a. a. O.

[87] Ich habe eine Reconstruction der Anlage in der »Zeitschr. f. bild. Kunst, Bd. 20 (1885), S. 135 ff.« gegeben, auf die ich hier bezüglich alles Näheren verweisen muss. — Vergl. auch mein mehrfach genanntes Buch, S. 76 ff.

[88] Nach: Kraus, a. a. O.

daraus befondere Erwähnung noch die kleeblattartige Geftaltung des Presbyteriums als *Apfis trichora*, nach dem Vorbild der Coemeterial-Cellen *fub dio*,

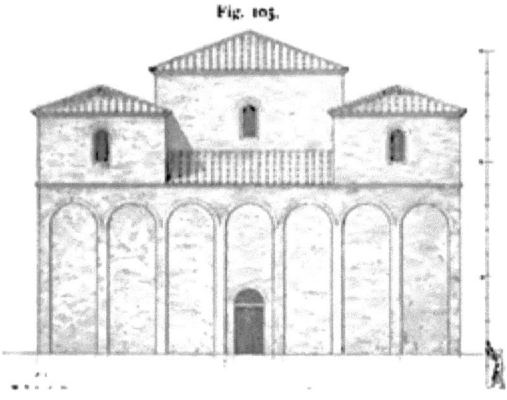

Fig. 105.

Anficht.

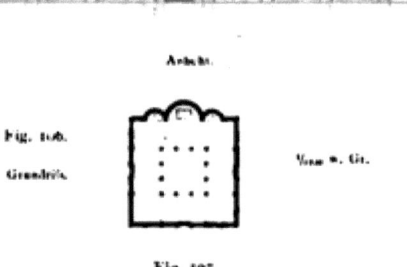

Fig. 106.

Grundrifs.

Vom w. Gr.

wie fie bei Rom noch über den Calixt-Katakomben und in *Santa Sinforofa* erhalten find (fiehe Fig. 15 [S. 17] u. Fig. 49 [S. 52]). Von den beiden feitlichen Apfiden *(conchulae)* diente in Nola die eine als Prothefis, als Stätte der Darbringung und Zubereitung der Abendmahlsgaben, die andere als Diakonikon, in dem kirchliche Schriften bewahrt und den Gläubigen zum Lefen überlaffen wurden.

Das von *Paulinus* in Nola befonders grofsartig und wirkungsvoll durchgeführte Beifpiel einer durchbrochenen Apfis hat feinen Einflufs in Campanien noch weiter geltend gemacht. Wir treffen es in Neapel, aufser bei der *Bafilica Severiana*, auch in *San Giovanni Maggiore* (um 550), fo wie an einer Kirche in Prata bei Avellino. Dafs es indeffen keine provincielle Sonderheit war, beweist das Vorkommen diefes Motives auch in Afrika (Oratorium in Henfchirin), wie in Gallien (*St. Martin* in Tours und Stephanskirche des *Chrodegang* in Metz) und nicht minder ehemals in Rom (*San Cosma e Damiano*), wo in einen ungegliederten antiken Bau (*Templum facrae urbis*) eine Querwand mit durchbrochener Apfis eingezogen wurde; desgleichen *Santa*

Fig. 107.

Santa Maria in San Germano[35].
Schnitt.

Maria Maggiore in früherer Geftalt (zur Zeit des Papftes *Pafchalis I.*), wo das Matronacum fich hinter der durchbrochenen Apfis befand[36]). Eine Erläuterung

[35] Alle näheren Angaben fiehe in meinem eben angeführten Buche.

giebt auch die in einem Grabe zu Algier gefundene Bronzelampe zu Petersburg (Fig. 104 [38]), ehemals in der Sammlung *Bafilewski* zu Paris), welche abbreviatorifch eine dreifchiffige Bafilika mit Fortlaffung der Seitenfchiffe darftellt; in der durchbrochenen Apfis fteht der Bifchofsftuhl.

Ganz unbeftimmt ift das Alter der Kirche *Santa Maria delle cinque terri* in San Germano am Fufse des Monte Caffino (Fig. 105 bis 107 [39]). Sie gehört in die Claffe der vierfäuligen, aber flach gedeckten Centralanlagen; von den Ecken des mittleren Quadrats fpannen fich Rundbogen nach den Umfaffungsmauern, die ebenfalls ein Quadrat bilden. Das Mittelquadrat, welches von zwölf Säulen umgeben ift, fo wie die durch jene Bogen in den Ecken des Gefammtbaues abgegrenzten vier kleineren Quadrate find höher emporgeführt, während die vier Oblonga dazwifchen fich mit Puftdächern an den Mittelraum lehnen [40]).

2) Nord-Italien.

Nicht minder unficher wie bei dem eben erwähnten füditalifchen Bau find Alter und frühere Geftalt der hoch gerühmten Mailänder Kirchen *San Lorenzo, San Nazzaro* und *Sant' Ambrogio*. Die ältefte Gefchichte der letzteren bietet wefentlich archäologifches Intereffe; ein frühromanifcher Gewölbebau hat die frühere Anlage vollkommen verdrängt. Nicht unmöglich ift, dafs *San Nazzaro grande* in feiner ungegliederten Kreuzanlage noch die urfprüngliche Difpofition des Grundriffes von 382 bewahrt, die wir ähnlich, als mögliches Vorbild, in Conftantinopel wieder treffen werden. Ganz durch einen Neubau des XVI. Jahrhundertes erfetzt ift *San Lorenzo*, bei welchem nur die in den Hauptaxen liegenden Nebencapellen der uns befchäftigenden Periode angehören, während eine

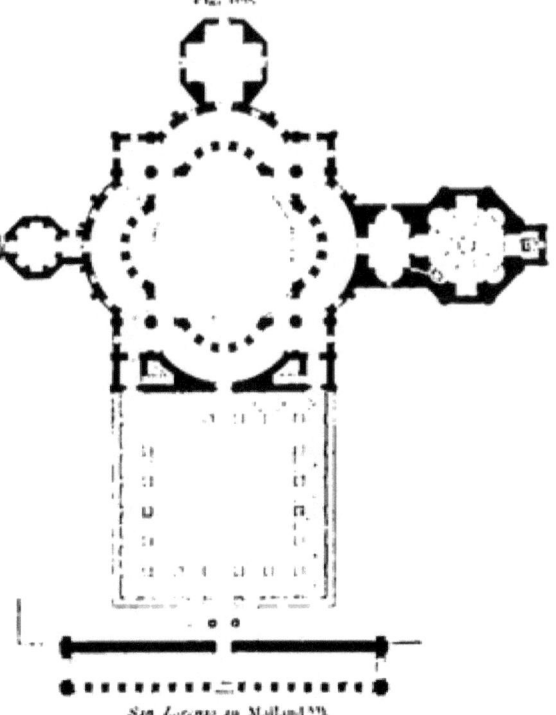

Fig. 108.

San Lorenzo zu Mailand [39].

[*] Die in Hübsch's Aufnahme angegebenen kleinen Kreuſe find etwas nicht überhaupt Hypotheſ, jedenfalls mittelalterlich, desgleichen die drei Späden. Vielleicht im ganzen, in der frühkirchlichen Architektur völlig ftört da ſteht den Bau ein anderer Kreis ſteht*)

mächtige, füdwärts ftehende Colonnade antiken Urfprung zeigt. Die Frage nach der Gründung und Urform des Hauptbaues gehört zu den am häufigften ventilirten der Neuzeit auf architekturgefchichtlichem Gebiete, und Hypothefen und Willkürlichkeiten drängen fich hier befonders dicht. Gewichtige Stimmen haben fich für und wider den aufserkirchlichen, profanen Urfprung (etwa aus einem Thermen- oder Palaftraum) erhoben. Wohl von den Formen der Grundrifsbildung und des Aufbaues des heutigen Werkes, nicht im entfernteften aber von der unvergleichlichen Raumwirkung des Inneren vermag die graphifche Darftellung (Fig. 108[39]) eine Anfchauung zu geben. Die vier Seiten des inneren Quadrats von 24 m Seitenlänge im Lichten find zu fegmentförmigen Nifchen ausgeweitet, welche, von Pfeilern begrenzt, je fünf auf Säulen ruhende Bogendurchgänge zeigen, die fich in ringförmige Umgänge öffnen, während in die Ecken fich je ein Quadrat von annähernd 5 m lichter Weite legt. Diefe Difpofition wiederholt fich in einem Obergefchofs, und der Abfchlufs

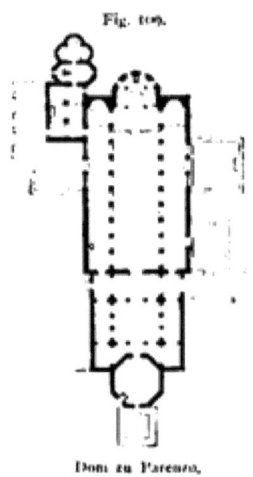

Fig. 109.

Dom zu Parenzo,
Grundrifs. ... m. Gr.

endlich wird bei den Eckquadraten durch thurmartige Erhöhungen, über der Mitte durch eine achtfeitige Kuppel gebildet, bei welcher die Längengleichheit der Seiten durch Vorkragen über den die Apfiden flankirenden Pfeilern gewonnen wurde. Diefe Geftalt der Kirche ift das Refultat einer Reftauration nach einem Einfturz im Jahre 1573, bei der die älteren Fundamente beibehalten wurden. Da am Aufbau der Kirche wohl moderne und mittelalterliche Theile, ohne eingehende technifche Unterfuchung aber keine frühchriftlichen oder antiken Refte zu erkennen find, fo müffen wir uns vorläufig befcheiden, die Möglichkeit zu betonen, dafs der Grundrifs des jetzigen Baues der antiken Profan-Architektur (einem Palaft etwa) oder der frühkirchlichen Baukunft angehört; für beide Annahmen ftehen in dem uns erhaltenen Monumentenfchatz Analogien zu Gebote, wie wir fie fpeciell in der kirchlichen Architektur im Often fowohl im IV. (Antiochia), wie in fpäteren Jahrhunderten (San Vitale, Ravenna) wieder finden werden. Durchaus der Antike verwandt find die Plandifpofitionen der drei Nebencapellen, Octogone mit Nifchen, und ihre Lage in den Axen des Hauptbaues (wie ein Gleiches bei der füdwärts erhaltenen Colonnade der Fall ift) läfst die Exiftenz des Hauptraumes vor jenen Nebenbauten in einer in der Hauptfache gleichen oder ähnlichen Form mit Nothwendigkeit vorausfetzen. Die Entfcheidung zwifchen Adoption eines antiken Profanbaues und felbftändiger kirchlicher Gründung ohne technifche Unterfuchung des Monumentes treffen zu wollen, ift werthlofe Willkür. Bis zu einer folchen Entfcheidung wird das culturgefchichtliche Moment zu Gunften der Annahme, dafs der Bau Ende des IV. Jahrhundertes bereits beftand, in die Wagfchale fallen.

Im Norden Italiens verdienen, neben geringeren Reften in Aquileja und an anderen Orten, noch die Hauptkirche von Parenzo an der Weftküfte Iftriens und der Dom auf der Infel Torcello bei Venedig befondere Erwähnung, beide im heutigen Zuftande durchweg das Ergebnifs fpäterer Neubauten, aber doch die Grundzüge der Frühzeit in ziemlicher Vollftändigkeit repräfentirend.

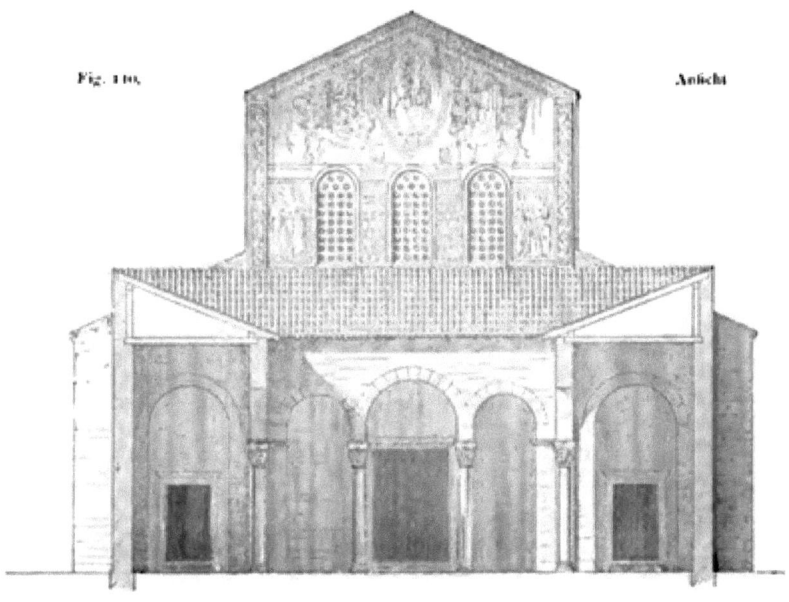

Fig. 110. Ansicht

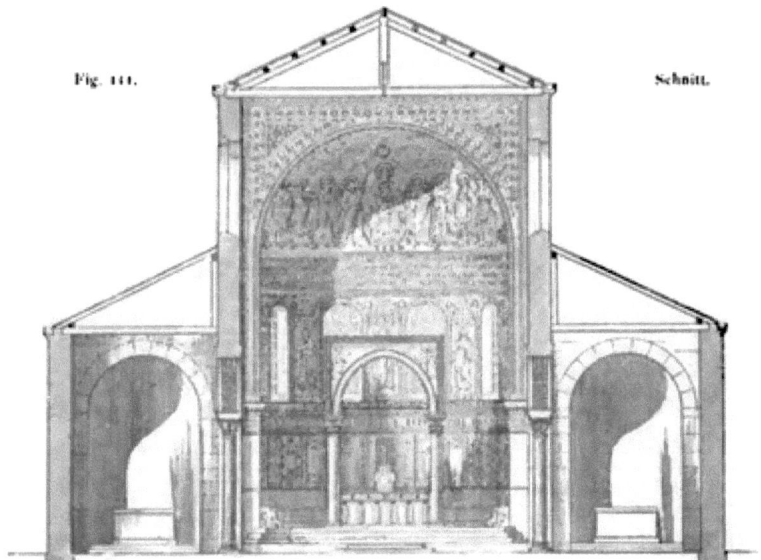

Fig. 111. Schnitt.

Dom zu Parenzo[*).

Beim Dom zu Parenzo gingen der jetzigen Anlage zwei ältere Bauten voran. Der früheste, deffen Fundamente kürzlich nördlich der jetzigen Kirche ausgegraben find, war ein einfaches Oblongum von etwa 9 × 23 ᵐ, mit Eingang auf der weftlichen Schmalfeite und einem an die Südwand ftoßenden, faft quadratifchen Nebenraum von 8ᵐ Durchmeffer. Die Standfpuren von vier Säulen und ein Schaftreft nahe der Oftmauer gehören offenbar dem Altar oder feinem Ciborium an. Seine hohe Bedeutung befitzt der Reft diefes architektonifch irrelevanten Baues in dem vielleicht älteften uns erhaltenen Mofaik-Paviment, deffen tiefe Lage (feine Differenz mit dem Boden der jetzigen Kirche beträgt 1,80 ᵐ, mit demjenigen des gleich zu erwähnenden Baues aus dem IV. Jahrhundert etwa 0,80 ᵐ) auf feine Entftehung noch im III. Jahrhundert fchließen läßt. Die fauber und in wirkfamer Polychromie ausgeführte Arbeit zeigt eine bandartige Einfaffung und dreifache Gliederung des Gefammtbodens, deffen decorative Einzelelemente durchaus der Frühzeit chriftlicher Kunft entfprechen. Einzig das Symbol des Fifches und ein Monogramm mifchen fich in die auch der Antike geläufigen geometrifchen Figuren, Vafen und vegetabilifchen Elemente. Von befonderem Intereffe ift das Vorkommen mehrfacher Infchriften, welche die Stiftung beftimmter Partien des Mofaiks (meift zu 100 Fuß) durch Mitglieder der Parentinifchen Gemeinde melden. In der fpäteren Bafilika wiederholt fich diefer Vorgang, den wir u. A. auch in der Kirche von Olympia (Infchriften des Lectors *Cyriacus* und des Lectors und Marmorarius *Andreas*), in Grado, Aquileja, Verona und Brescia treffen [41]).

Fig. 112.

„Apfis-Incruftation im Dom zu Parenzo"[?].

In den Anfang des IV. Jahrhundertes kann vielleicht der Bau der erften großen Bafilika füdwärts jenes alten oblongen Oratoriums gefetzt werden, das wohl in den Verfolgungen zerftört war und deffen füdliche Seitencapelle jetzt überbaut wurde. Die Bafilika entfprach in den Maßen genau der heutigen Kirche; vielleicht befaß fie auch bereits an gleicher Stelle ein Atrium und Baptifterium; nur

⁴¹) Ueber die Pavimente im Allgemeinen f. he mein öfter genanntes Buch, S. 172—173.
⁴²) Nach: Lohde, L., Der Dom von Parenzo, Berlin 1859.
⁴³) Nach: Heider, G., R. Eitelberger & J. Hieser, Mittelalterliche Kunftdenkmale des öfterreichifchen Kaiferftaates, Stuttgart 1850—1860.

die Apfis dürfen wir uns noch nicht polygon ummantelt vorftellen. Einzelne Architektur-Fragmente und Refte des Mofaikbodens find von diefer Bafilika erhalten geblieben; desgleichen ift die ehemalige Einrichtung des Presbyteriums noch erkennbar. Gegen die Mitte des VI. Jahrhundertes liefs, wie die Mofaikinfchrift der Apfis ausfagt, Bifchof *Eufrafius* diefe durch Alter befchädigte Kirche durch den noch ftehenden Neubau erfetzen, der in feiner Grunddifpofition das Bild der

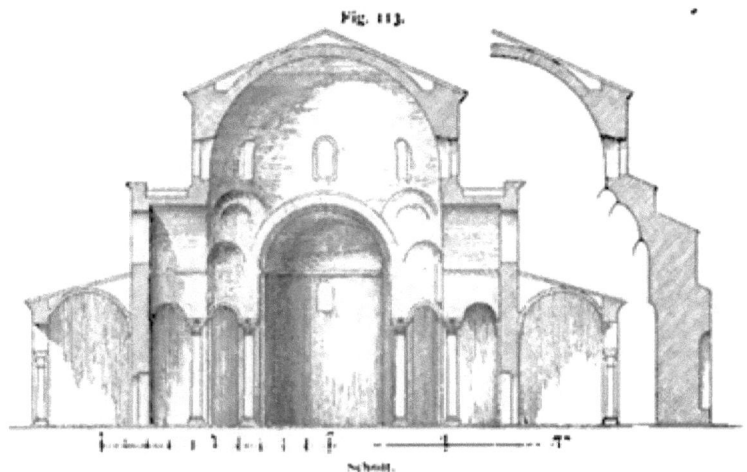

Fig. 113.

Schnitt.

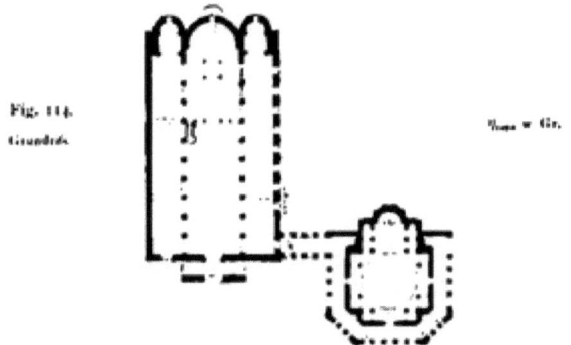

Fig. 114.

Grundrifs.

Plan w. Gr.

Dom und *Santa Fosca* auf Torcello[43].

altchriftlichen Bafilika jener Zeit unter dem Einfluß der öftlichen, ravennatifch-byzantinifchen Kunftweife gut erläutert (Fig. 109 bis 112[42]). Die Apfis erfcheint jetzt aufsen fechsfeitig aus dem Zwölfeck conftruirt; vier Seiten fchmücken rundbogige Fenfter. Die Nebenapfiden find aufsen geradlinig abgefchloffen, fo dafs fie wie aus der Mauerdicke ausgefpart erfcheinen. Je achtzehn Säulen mit

[42] Nach: Hübsch, a. a. O. (Die Verbindungshalle ift eine falfche Ergänzung.)

Fig. 115.

Dom und *Santa Fosca* auf Torcello[44].

byzantinifirenden Kapitellen und Kämpfern tragen die Bogen. Drei Fenfter durchbrechen die weftliche Schmalwand, an die fich das Pultdach der öftlichen Atriumshalle lehnt. Diefe Hallen, fämmtlich erhalten, zeigen je zwei Säulen zwifchen den Eckpfeilern und ein weiteres mittleres Intercolumnium mit dem gemäfs höherem Scheitel.

Die weftliche Halle begrenzt das octogone, innen mit Wandnifchen gefchmückte Baptifterium (jetzt Mufeum). Nicht unmöglich ift, dafs ein nördlich gelegener Bau-Refte des ehemaligen Confignatoriums, in das die Täuflinge zur Namengebung geführt wurden, enthält, wie wir es ähnlich z. B. in Syrien treffen.

Aufser Reften farbiger Aufsenbekleidung an beiden Giebeln bewahrt die Kirche noch die volle Mofaik-Decoration des Presbyteriums. Zum Apfis-Mofaik (die Madonna mit Heiligen) und den Einzelgeftalten zwifchen den Apfisfenftern gefellt fich die reiche Incruftation der unteren Wandtheile, und neuerdings find auch die Mofaiken des Triumphbogens (Chriftus und die Apoftel) wieder blofsgelegt. Das mufivifch reich gefchmückte Paviment ift leider kürzlich durch ein neues erfetzt worden.

Ein wenn auch in Einzelheiten weniger reiches Seitenftück zu Parenzo bieten der Dom und das Baptifterium zu Grado, intereffant u. A. durch die Cathedra wie durch die marmornen Fenfterfchlüffe aus dem VI. Jahrhundert (fiehe die Abbildung zu Art. 72). Auch *Santa Maria* in Grado verdient Beachtung.

48. Dom auf Torcello. Durchweg verkehrt datirt wurde, bis auf die neuen eingehenden Unterfuchungen *Cattaneo's*, der Dom auf Torcello (Fig. 113 u. 114). Alles Wefentliche an demfelben gehört erft dem Neubau von 863 an; vom älteren Bau des VII. Jahrhundertes ift wohl wenig mehr als die Gefammtdispofition und die Hauptapfis, jedoch mit Ausnahme ihrer Aufsenbekleidung übernommen worden. Spät auch entftand erft die gewölbte Halle vor dem Mittelportal, als man den fchmalen Durchgang mit Tonnen überdeckte, der hier zwifchen der Façade und dem nahen Baptifterium entftanden war. Von der urfprünglichen, fpäter ftark reducirten Geftalt des letzteren zeugen noch die Nifchenrefte zweier Octogonfeiten. Das Innere der Kirche bietet in der Säulenftellung vor dem Presbyterium, fo wie in den amphitheatralifchen Subfellien mit der Cathedra noch ein Spiegelbild älterer Weife. Das bedeutende Anfteigen diefer Sitze wurde hier durch die Anlage einer *Confeffio* bedingt, mit deren ringförmigem Gang man nicht zu tief unter das Niveau hinuntergehen durfte.

Bei der benachbarten Kirche *Santa Fosca* ift es ganz zweifelhaft, ob das Octogon mit feiner Kuppel über das frühe Mittelalter hinausgeht; vielleicht ift der ausfpringende öftliche Theil mit feinen drei Apfiden der Reft einer urfprünglichen einfachen Bafilika; die äufsere Decoration der Chorpartie ift fpäter (Fig. 115).

d) Dieffeits der Alpen.

49. Allgemeine Entwickelung. Den nordifchen Völkern war die grofse Aufgabe vorbehalten, die kirchliche Architektur in ein neues Stadium der Entwickelung hinüberzuführen. Von dem Zeitpunkt an, da diefe neuen Ideen zu reifen beginnen, pflegen wir die Gefchichte der mittelalterlichen Stile, des romanifchen und des gothifchen, zu datiren. Langfam vollzog fich der Uebergang, ungleichmäfsig auf dem neuen Culturboden dieffeits der Alpen; zögernder noch, oft widerftrebend folgten die

Fig. 116.

Vom sog. Römerthurm zu Cöln[38]).

südlichen Völker nach. Die Wurzeln diefer neuen Bewegung reichen weit zurück und verzweigen fich mannigfach. Nicht nach Jahren, nicht einmal nach Jahrzehnten genau ift der Beginn des Neuen zu fixiren; die Grenze zwifchen altchriftlicher und mittelalterlicher Baukunft hat eine gar mannigfach gewundene Linie; oft geht fie gleichfam mitten durch ein Denkmal hindurch, das wir mit gleichem Recht meinen, der einen wie der anderen Periode zuweifen zu können. Für den Hiftoriker hat es nicht minderen Reiz, in der Darftellung der in der

Fig. 117.

St.-Criftophe zu Suèvres[1].

altchriftlichen langfam ausgehenden antiken Kunft noch das fporadifche Auf-keimen neuer Empfindung zu beobachten und klar zu legen, wie es für den Gefchichtfchreiber der mittelalterlichen Stile Bedürfnifs, ja Nothwendigkeit ift, eben bis zu den fcheinbar verborgenften Quellen den neuen Strom zurück zu verfolgen.

Wo die Darftellung der einen wie der anderen Periode aus derfelben Feder fliefst, ift es von relativ geringem Belang, an welcher Stelle das eine Kapitel fchliefst, das andere einfetzt. Anders, fobald die Arbeit in verfchiedene

*) Nach de Caumont, A. in: Bulletin monumental.

Hände gelegt ist, die in einander arbeiten, aber Wiederholung vermeiden sollen. Der erstere Fall war für dieses »Handbuch« bei der erften Bearbeitung des in Frage ftehenden Stoffes in's Auge gefaßt worden; der damalige Verfaffer hatte fich auch die folgende Periode, die der mittelalterlichen Architektur, zur Aufgabe geftellt. Jetzt find beide Gebiete getrennt worden, und da erfcheint es uns, in Uebereinftimmung mit dem Verfaffer des nächften Bandes, im Intereffe klarer Entwickelung der Aufgabe gelegen, die Erläuterung einer Reihe von Monumenten lieber der Einleitung zur romanifchen Baukunft zuzuweifen, als fie, wie früher gefchehen, lediglich als Schlußergebniffe der vorangegangenen Periode hinzuftellen.

So befchränken wir uns hier darauf, nur die wenigen Züge klar zu legen, welche die Erftlingsbaukunft des Nordens auf kirchlichem Gebiet in directer Abhängigkeit vom Gefammtbilde der frühchriftlichen Baukunft aufzuweifen vermag.

Fig. 118.

Südfeite der Kirche zu Cravant[a].

Vorab fei ein Bau erwähnt, welcher, nur durch hypothetifche Zufammenftellung geringer Fragmente reconftruirbar, Archäologen wie Architekten vielfach befchäftigt hat: die erfte Geftalt des Domes zu Trier.

Vier mächtige korinthifche Säulen mit uncannellirtem Schaft, deren Refte man im Baufchutt unter dem mittelalterlichen Neubau vergraben fand, waren anfcheinend an den Ecken eines Quadrates aufgeftellt, das von den Mauern eines größeren Quadrates umfchloffen war. Hypocauftumartige Refte im mittleren Quadrat fcheinen auf eine nicht urfprüngliche Erhöhung feines Bodens hinzuweifen. Alles Uebrige ift völlig hypothetifch: die Oeffnung des Baues in der ganzen Breite der Weftfeite, die Schwibbogen des Inneren, die reichliche Fenfteranlage (die bei Annahme jener offenen Weftfeite völlig widerfinnig ift), die Annahme eines Grabeguriums im Centrum des Baues, u. A. m. Nur allein die Vermuthung, daß es fich um Refte eines Profanbaues handelt, hat Berechtigung; alle weitere Muthmaßungen über Aufbau, Bedeutung und

Entstehungszeit des Baues (bezüglich welcher höchstens der *terminus post quem* durch eine hier gefundene Münze des *Gratian* gegeben ist) find nichts als Phantasiegebilde, die in rein geschichtlicher Darstellung keinen Platz zu beanspruchen haben.

Das Gleiche gilt von St. Gereon zu Cöln, dessen mittelalterliches Dekagon auf antiken Fundamenten aufsteigt.

55.
Kirchen
in Gallien. Die wirklich kirchlichen Gründungen der ersten vorcarolingischen Jahrhunderte auf nordischem Boden find nur in der schriftlichen Tradition noch nothdürftig erkennbar; was uns *Gregor von Tours* in seiner Geschichte der Franken (VI. Jahrhundert) oder früher noch *Apollinaris Sidonius* erzählt, fügt sich ohne bemerkenswerthe Sonderzüge dem Bilde der Basilikal-Architektur jener

Fig. 119

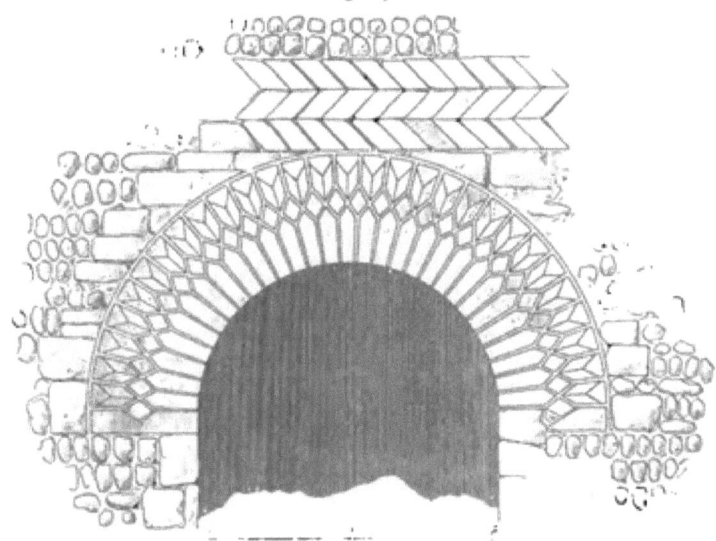

Vom Portal der Kirche zu Distré[55].

Zeiten ein; die Pracht der Decoration in den farbenstrahlenden Caffettendecken, funkelnden Mofaiken und Pavimenten reißt die Autoren am meisten zur Bewunderung hin. Trügen einzelne Funde nicht, dann hat die Querschiffanlage, die Rom erst ganz vereinzelt aufweist, in Gallien besondere Nachahmung gefunden. Seine Ausbildung zum Kreuzschiff mit Vierung zu schildern, gehört zu den interessantesten Kapiteln der früh-mittelalterlichen Architektur.

In wie weit zur letzteren die in Fig. 116 bis 121, sowie auf nebenstehender Tafel vorgeführten Reste auf gallischem Boden (in Poitiers, Suèvres und a. a. O., sowie der fog. Römerthurm zu Cöln zu rechnen find, ist schwer zu entscheiden; hier erwähnen wir sie lediglich um einzelner Erscheinungen ihres Aeußeren willen, das wohl mit Recht als Spiegelbild auch der merowingischen Epoche bezeichnet ist. Das Charakteristische liegt nicht bloß in der Verwilderung und Verrohung der zur

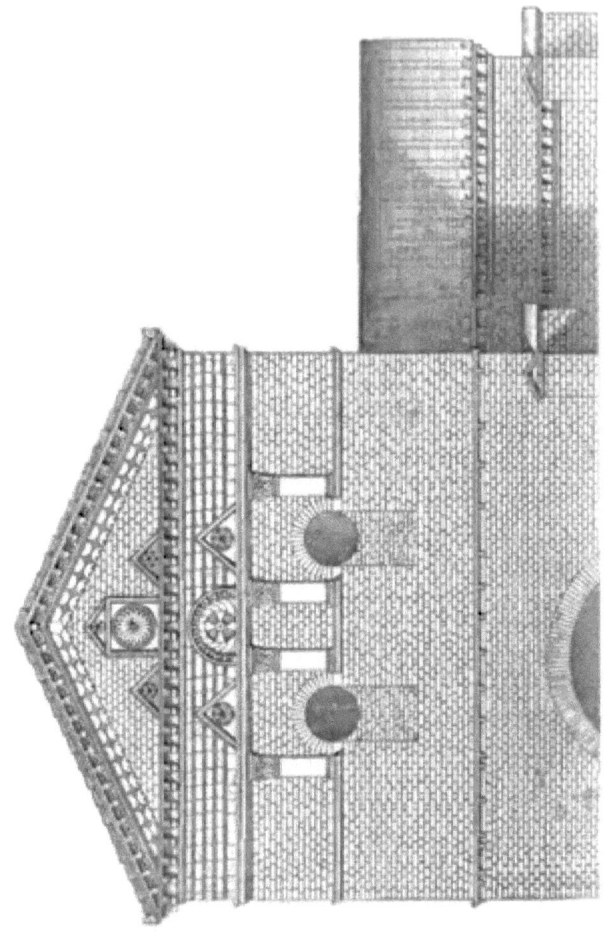

Ansicht.

Grundriss.

1/1000 w. Gr.

St.-Jean-Baptiste (ehemalige Eingangshalle) zu Poitiers.

Handbuch der Architektur, II, 3, 2, (2. Aufl.)

Nach: Archives de la commission des monuments historiques, I, Paris 1855.

Römerzeit in das Land gedrungenen antiken Formen; die Signatur des finkenden Formgefühles allein wird in wefentlich anderer Weife durch Werke, wie der Palaſt des *Dioclefian* bei Salona und zahlreiche Bauten weiter im Oſten, repräfentirt. Hier, in Gallien, handelt es fich um Anderes; hier tritt ein neuer Factor hinzu, der das eigenartig Phantaſtifche diefer Erfcheinungen bedingt: die Freude an malerifcher Flächendecoration, die fich aber nicht der Farbe oder der Mofaikſtifte bedient, fondern lediglich das oft äuſserſt roh bearbeitete Baumaterial zu oft teppichartiger Muſterung verwendet.

Fig. 120.

Sog. *Baſſe œuvre* zu Beauvais.

Rauten- und fchachbrettartige Muſter, Kreife, Halbkreife wechfeln mit Giebeln und vierfäuligen Giebelfaçaden und anderen Gebilden; überall iſt dabei die Steilheit der Giebel zu beachten, welche die Gewöhnung des Auges an den einheimifchen Holzbau mit feinen hohen Rohr- oder Schindeldächern zeigt; felbſt der aus Keilſteinen gebildete Thür- oder Fenſterbogen muſs als Ornament herhalten; Stromfchichten, Grätenmuſter und Aehnliches bereichern die Muſterkarte,

Fig. 121.

Façade von *St-Front* zu Périgueux[*].

deren Details in naiver Mifchung über die Flächen vertheilt werden. Oft genügt der Wechfel in der Farbe, Stellung und Form der Steine; in anderen Fällen treten fchwache Verfuche plaſtifcher Gliederung durch dünne Gefimfe, Confolen, Pilaſter etc. hinzu; Pfeiler, die den Ecken zur Verſtärkung vorgelegt werden, liebt man nicht bis zum Kranzgefimfe hinaufzuführen, ſtatt deſſen aber mit einem Giebelchen abzudecken, eine Erfcheinung, die fich auch am Reſte des fog. *Theodorich*-Palaſtes zu Ravenna findet, in dem wir wohl richtiger einen unter dem Einfluſs nordifcher Weife entſtandenen Bau etwa des VIII. Jahrhundertes zu fehen haben.

[*] Nach: Verneilh, *Architecture byzantine en France*. *Annales archéologiques*, Bd. XI (1851).

7*

Fig. 122.

Atrium-Vorhalle zu Lorsch (Ehemaliger Zustand 22).

Fig. 123.

Den angeführten merowingifchen Bauten reiht fich bezüglich ihrer Decoration auch die fränkifche Thorhalle zu Lorfch im Rheinthal an (Fig. 122 bis 125), wohl das Propyläon eines Kirchen-Atriums. Die Dimenfionen find Angefichts der Beftimmung des Baues nicht unbedeutend, reichlich 11ᵐ Breite zu 7,5ᵐ Tiefe. Die Pfeiler der drei gleichmäfsigen Bogendurchgänge find mit etwas geftreckten Halbfäulen mit Compofitkapitellen gefchmückt, welche ein fchwaches, mit Blattfchmuck verziertes Gefimfe tragen. Der obere Theil der Façade ift mit zehn gleichmäfsig vertheilten, cannellirten Pilaftern gefchmückt, von deren jonifirenden Kapitellen fteile Geifa auffteigen. Drei Rundbogenfenfter erfcheinen über den unteren Arcaden. Ein einfaches Confolengefims bildet den oberen Abfchlufs. Mit diefer als folche bemerkenswerthen plaftifchen Decoration verbindet fich die aus weifsen und rothen Platten hergeftellte Flächenmufterung von durchaus teppichartigem Gepräge.

Fig. 124.

Fig. 125.

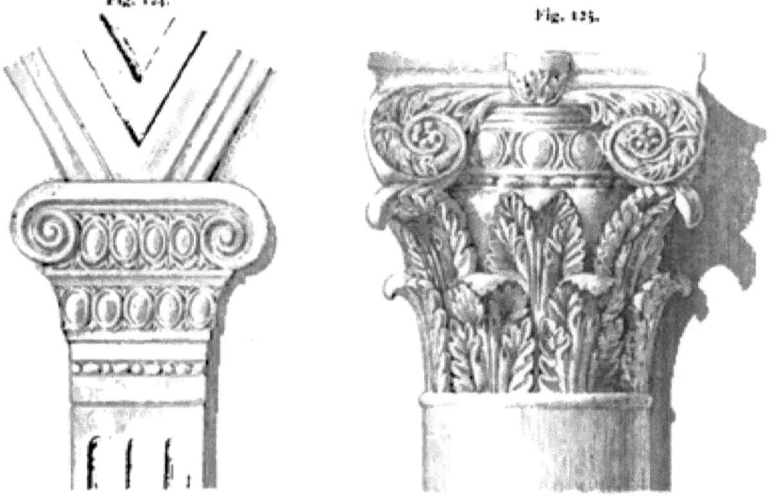

Pilafter-Kapitell   Halbfäulen-Kapitell
von der Atriums-Vorhalle zu Lorfch.

Ein vergleichender Blick auf die vorhin erwähnten Bauten lehrt im Lorfcher Beifpiel einen Umfchwung des künftlerifchen Strebens erkennen. Mag, wie die Tradition will, *Carl des Grofsen* künftlerifcher Berather, *Einhardt*, dem Bau nahe geftanden haben, mag er einem Anderen feine Entftehung verdanken, die veränderte Signatur, die Wandelung im künftlerifchen Empfinden bezeugt auch er, gleich den übrigen Schöpfungen der carolingifchen Epoche: es ift das Streben, von der phantaftifchen Willkür loszukommen, die Reinheit der Antike wieder zu gewinnen. Dem Wollen freilich hielt das Können nicht die Waage; mit dem reinen jonifchen verglichen erfcheint das Pilafter-Kapitell wie ein Zerrbild; die Cannellüren werden um eines vermeintlichen malerifchen Reizes willen in der Mitte unterbrochen u. f. w.; aber gegen die merowingifche Kunft erfcheint gleich wohl die carolingifche wie eine Art Renaiffance. Ihre nähere Darlegung gehört, wie oben bemerkt, in den folgenden Band diefes »Handbuches«.

8. Kapitel.

Der Often bis auf Juftinian und Nord-Afrika.

a) Paläftina und Balkan-Halbinfel.

52.
Allgemeiner
Zuftand. Was die älteften, uns bekannten chriftlichen Bafiliken Roms für die kirchliche Architektur des Abendlandes, das bedeuten die gleicher Zeit entftammen-
den Befchreibungen paläftinenfifcher Kirchen für den Often des römifchen Welt-
reiches: fie erbringen den Beweis für das in *Conftantin's* Tagen bereits
gleichmäfig herrfchende Schema der Bafilika bei kirchlichen Verfammlungsräumen. Dafs Ausnahmen auch diefe Regel beftätigen, hat uns der Weften
bereits in einzelnen Beifpielen gezeigt und wird uns der Orient desgleichen
bezeugen. Numerifch überwiegend war überall, bis auf *Juftinian*, auch im
Often der Longitudinalbau.

Das dem Abendland erfpart gebliebene Gefchick
des Orients, die Ueberfluthung der ungeheueren, einft
den Imperatoren gehorchenden Gebiete durch die
Scharen des Islam, hat den ehemaligen Zeugen
chriftlicher Religion und Kunft ein verfchiedenes
Schickfal bereitet. Die einen, weit gegen den Rand
der öftlichen Wüfte vorgefchoben, an den Grenz-
poften abendländifcher Civilifation, fahen beim plötz-
lichen Anfturm des Muhamedanismus die chriftliche
Bevölkerung wie mit einem Schlage dahin fchwinden;
Nomaden durchftreiften fortan die verlaffenen Stätten
reicher Cultur, ohne eigenen Trieb zur Sefshaftigkeit,
die Bauten dem Gefchick der Verödung dahin gebend.
Dies ift der eigenartige Zuftand, der uns das Bild der
fyrifchen Chriftengemeinden in ihren monumentalen
Zeugen fo wunderbar erhalten hat. Anders die weftlicher gelegenen Stätten, an denen der Islam felbft
fefshaft wurde und an der Zerftörung chriftlicher Re-
ligionsdenkmäler wenigftens indirecten Antheil nahm
durch Vernutzung ihres Materials zu eigenen profanen
oder facralen Zwecken. Was in Paläftina, Aegypten,
Kleinafien oder auf dem Boden der europäifchen

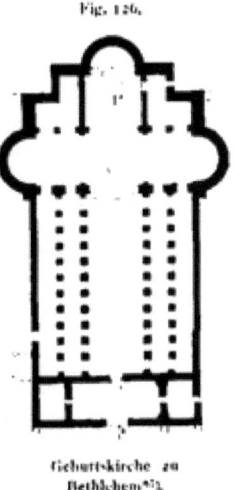

Fig. 126.

Geburtskirche zu
Bethlehem[*].
Si. u. Gr.

Türkei von kirchlichen Gründungen der älteren Zeit noch aufrecht fteht, ift meift
zu anderen Zwecken mehr oder weniger modificirt, an fich aber numerifch ganz
verfchwindend im Vergleich zur ehemaligen Blüthe. Nur aus der fchriftlichen
Ueberlieferung leuchtet uns diefe in ihrem Glanze noch entgegen, und jüngft
ausgegrabene Trümmer beftätigen und erläutern das dort gegebene Bild. Aus
der erften Glanzzeit kirchlicher Bauthätigkeit vor Allem, aus den Tagen *Conftantin's*, giebt uns ein Zeitgenoffe des Kaifers Biograph, der Kirchenhiftoriker
Eufebius die erften Skizzen zu diefem Bilde. Sie können für manches Verlorene
wenn auch in Einzelheiten nicht immer ausreichenden Erfatz bieten.

53.
Grabeskirche
zu Jerufalem. *Conftantin's* kirchliche Gründungen in der neuen Hauptftadt am Bosporus
werden nicht mehr als mit dem Namen erwähnt, die Bauten auf paläftinenfifchem

Boden dagegen etwas eingehender befchrieben. Eine der großartigften Anlagen fchmückte die Stätte des h. Grabes bei Jerufalem; mehrfache Zerftörungen und Planveränderungen im Mittelalter haben das urfprüngliche Bild ftark verwifcht, das zudem von *Eufebius* nicht ganz klar gezeichnet ift. Ein Denkmal von anfcheinend centraler Form erhob fich über der geheiligten Stätte felbft, inmitten eines von Hallen umgebenen Hofes, an deffen Oftfeite fich eine fünffchiffige Bafilika mit Emporen anfchloß. Während Säulen die Mittelfchiffmauern trugen, waren in den Seitenfchiffen ausnahmsweife Pfeiler verwendet, eine Anordnung, die wir u. A. an der Bafilika von Ibrihim in Oberägypten wieder treffen. Reich vergoldete Caffettendecken fpannten fich über alle Räume; das Dach war mit Blei gedeckt. Ein von Hallen umfäumtes Atrium breitete fich vor der öftlichen

Fig. 127.

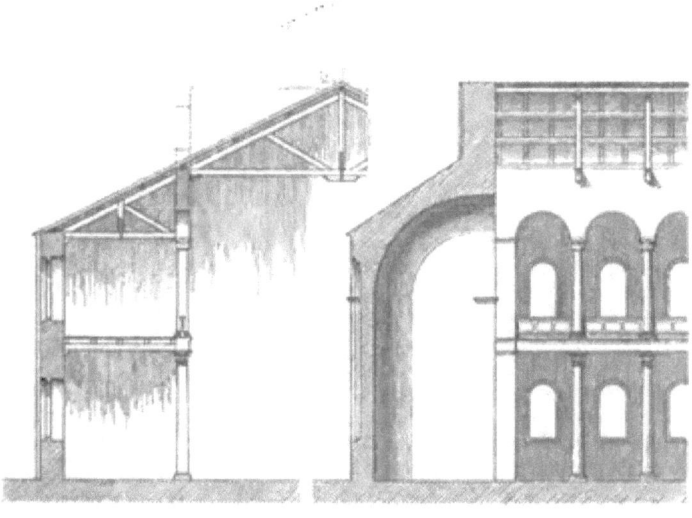

Johannes-Kirche des *Studios* zu Conftantinopel[**].

Façade aus, mit einem reichen Propyläenbau gefchmückt. Als befonderer Schmuck des Presbyteriums werden noch zwölf Säulen erwähnt, auf denen filberne Krateres ftanden; vielleicht waren fie ähnlich wie die »Ikonoftafis-Säulen« in St. Peter und St. Paul aufgeftellt, mit verbindendem Gebälke[**]).

Etwa gleichzeitig mit der Grabeskirche entftand in Tyrus die ebenfalls von *Eufebius* befchriebene Bafilika, deren Geftalt wir aus der Einweihungsrede des Bifchofs *Paulinus* in den Grundzügen noch erkennen können. In den mauerumzogenen Peribolos leiteten von Often die großen Propyläen hinein; zwifchen ihnen und der Front der Bafilika war ein befonderes Atrium durch Säulenhallen

[**] Nach: Salzenberg, a. a. O.
[**] Ein näheres Eingehen auf die zahlreichen Reconftructions-Verfuche der ganzen Anlage widerfpricht dem Zwecke diefer Darftellung; ich werde an einem anderen Orte darauf zurückkommen.

Bafilika zu Tyrus.

umgrenzt, mit dem Cantharus in der Mitte und kunftvollen hölzernen, netzförmig gemufterten Baluftraden in den Intercolumnien. Drei Thüren, die mittlere größer und mit reliefirten Flügeln, führten in das Innere der Bafilika mit ihrer Decke aus Cedernholz vom Libanon und ihrem glänzend gefchliffenen Marmorboden. Auch die Priefterfitze und der Altar mit feinen reichen Holzfchranken werden befonders erwähnt. Oeci und Exedren fchloffen fich dem Hauptbau in enger Verbindung an, »für die, die der Entführung und Reinigung durch Waffer und durch den heiligen Geift bedürfen«, d. h. ein Baptifterium und andere Nebenbauten waren innerhalb des Peribolos angelegt.

56. Bafilika zu Bethlehem.

Sind diefe beiden Beifpiele der Conftantinifchen Periode zu Grunde gegangen, fo bewahrt dagegen ein anderer Bau, die Geburtskirche zu Bethlehem (Fig. 126[45]) anfcheinend noch bedeutende Refte jener Gründungszeit, nämlich das fünffchiffige Langhaus, in welchem die korinthifchen Säulenreihen auf geradem Gebälke die Obermauern tragen. *Juftinian* hat später den Bau reftaurirt; fein Werk ift der centra-

Fig. 128.

lifirende Grundrifs des Presbyteriums mit feiner kleeblattartigen Gruppirung dreier mächtiger Apfiden, fo wie das Einfchieben eines gefchloffenen Narthex zwifchen Façade und Atrium[50]).

57. Marien-Kirche zu Jerufalem.

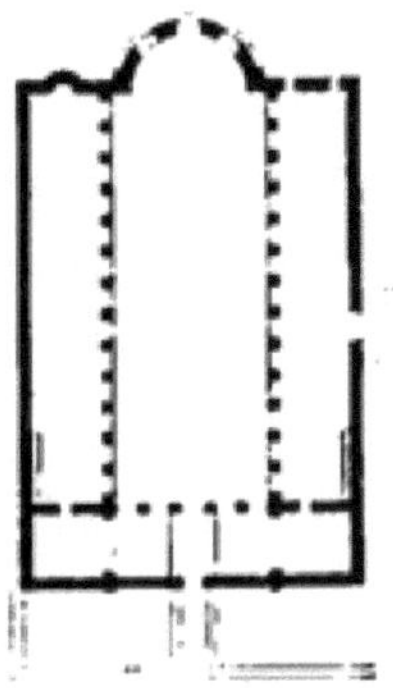

Wie fehr noch die Juftinianifche Zeit auf die Anlage voller Atrien ftatt der bald vorwiegenden einfachen Vorhallen Gewicht legte, beweift, neben der Sophien-Kirche und anderen bekannten Monumenten (fiehe unten), z. B. die Marien-Kirche in Jerufalem, welche *Procop* uns befchreibt. Es klingt faft wie eine Erinnerung an des *Eufebius* Schilderung der Grabeskirche oder der Bafilika zu Tyrus, wenn der Juftinianifche Autor voller Begeifterung den ftaunenerregenden Anblick der Propyläen preift, die Wunder über Wunder dem Eintretenden verfprechen. Im Hofe umgeben ihn vier Reihen gleicher Säulen; nur vor der Mitte der Kirchenfaçade wird das gerade Gebälke durch einen hohen Bogen unter-

Ecki Dichoma zu Theffalonich.
Grundrifs 1:9. — Fig. w. Gr.

brochen. Diefes der fpät-römifchen Kunft fchon geläufige Motiv, das die Bauten im Often wie auch *Diocletian*'s Palaft bei Salona u. a. zahlreich wiederholen, kehrt an gleicher Stelle, im Kirchen-Atrium, u. A. wieder an der unter *Juftinian* erbauten Sergius-Kirche in Gaza, die wir wiederum nur noch durch fchriftliche Ueberlieferung bei *Choricius von Gaza* kennen.

58. Conftantinopel.

Das im Often von Anfang an beliebte Motiv der Emporen über den Seitenfchiffen findet fich auch an den älteften in Conftantinopel und Theffalonich, wenn auch modificirt erhaltenen Bafiliken. In Conftantinopel zeigt es die Kirche des *Johannes*, welche von *Studios* 463 erbaut wurde (Fig. 127[46]). Ein ganz einfaches, nur aus fchlichtem Architrav und Gefimsplatte beftehendes Gebälke läuft über die je fieben unteren korinthifchen Säulen hin; nur wenig kleinere mit fehr vereinfachter Kapitellform erhoben fich ehemals darauf, als deren Verbindung mit Rückficht auf das aufserordentlich weit frei tragende untere Gebälke mit Recht Halbkreisbogen angenommen werden. Ein Oberlichtgaden an Stelle des

[48] Vergl. mein oben angeführtes Buch, S. 538.
[49] Nach: Texier, Ch. & R. P. Pullan, *Byzantine architecture etc.* London 1864.

jetzt gleichmäfsig Mittel- und Seitenfchiffe bedeckenden Daches ift nach Analogie fämmtlicher Monumente als felbftverftändlich hinzuzudenken.   Spuren

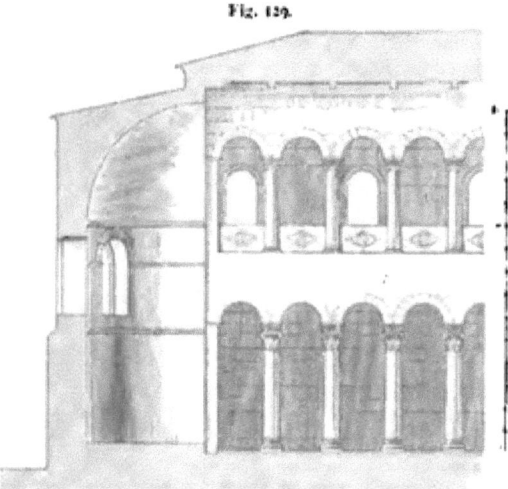

Fig. 129.

eines Atriums find nachgewiefen, deffen Intercolumnien anfcheinend durch
hohe Gitter gefchloffen
waren, worauf die Seiten-
anficht eines Säulenkapi-
tells und die Thürrahmen
in der Façaden-Vorhalle
hindeuten. Diefe durch die
Höhe der Gitter markirte
ftarke Abgefchloffenheit
der Hallen, die auch in
Tyrus erwähnt ift, findet
ihre Zweckerklärung wohl
in der dort gegebenen
Andeutung, dafs in diefe
Atriumshallen öfter der
Unterricht der Katechu-
menen verwiefen wurde.
In fpäterer Zeit ift der
Vorhof der Johannes-Bafi-
lika ftark alterirt worden.

Längenfchnitt.

Fig. 110.

Annähernd gleicher
Gründungszeit werden
wohl mit Recht eine drei-
fchiffige Bafilika unbe-
kannten Namens (jetzt Mo-
fchee, Eski Dfchuma) und
die Demetrius-Kirche in
Theffalonich zugewiefen,
beide durch Emporen,
letztere auch noch durch
fünffchiffige Anlage aus-
gezeichnet. Die Eski
Dfchuma (Fig. 128 bis 130[51])
zeigt über den je 24 Säu-
len der unteren Seiten-
fchiffe und der Emporen
Halbkreisbogen, welche
nicht direct auf den fehr
reichen Compofit- und jo-
nifchen Kapitellen, fon-
dern auf gleichfalls zier-
lich ornamentirten Käm-
pfern ruhen. Wie bei der

Querfchnitt.

Eski Dfchuma zu Theffalonich[51].

Johannes-Kirche in Conftantinopel ift zweifellos auch hier der jetzt fehlende
Oberlichtgaden im Mittelfchiff zu ergänzen.   Jedes nähere Eingehen auf

Fig. 131.

Längenschnitt.

Fig. 132.

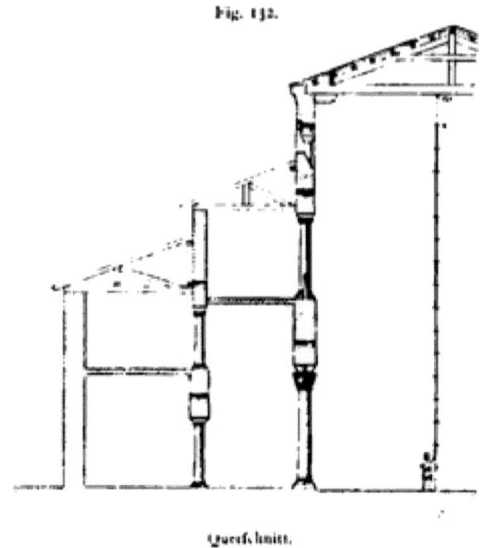

Querschnitt.

Demetrius-Kirche zu Theffalonich.

die Detailbehandlung und namentlich die muthmaßliche Chronologie ift ohne
Autopfie bei diefem Bau eben fo wie beim folgenden, der Demetrius-Kirche, ohne
jeglichen Wert. Die von letzterer vorliegende Aufnahme (danach Fig. 131 bis
133) ftellt die Aufeinanderfolge verfchiedener Bauperioden außer Zweifel. Die
äußeren Seitenfchiffe mit ihren in die inneren Emporen eingreifenden Arcaden,
die Veränderungen in den Querfchiffarmen und Anderes mehr find deutliche
Zeugniffe für verfchiedene Entwickelungsphafen; *Effenwein's* Vorfchlag, als folche
auch die Einftellung von je zwei Pfeilern in die Reihen der Mittelfchifftützen
anzufehen, wird wohl kaum auf Zuftimmung rechnen können.

Harrt der Bereich der heutigen Türkei zum guten Theil noch genauer
Durchforfchung nach altchriftlichen Reften, fo ift auf griechifchem Boden von
vornherein die Hoffnung auf Ausbeute auf ein
ganz geringes Maß herabgedrückt, weil hier, was
in der Frühzeit in den bald mit Bifchofsfitzen
gefchmückten Städten Athen, Corinth, Patras
und an anderen Orten entftand, entweder fpäterer
Zerftörung durch die Türken oder Neugrün-
dungen im byzantinifchen Central- und Kuppel-
bau anheimfiel. Auf letztere werden wir fpäter
in anderem Zufammenhang den Blick richten;
hier hat uns, gleichfam epifodifch, ein anderes
Thema kurz zu befchäftigen, zu dem Griechenland hervorragende Illuftrationen liefert: die Adoption und Adaption antiker Bauten zu kirchlichen
Zwecken. Zwei Beifpiele feien hier herausgenom-
men: der Parthenon in Athen und das Theokoleon (u. A. Ergafterion des *Phidias*) in Olympia.
Bei beiden hat die Kirche für ihre Zwecke lediglich das Innere berührende Aenderungen vornehmen müffen. Beim Bau in Olympia wurde
die vorchriftliche Anlage bis auf die Umfaffungsmauern entfernt; dann umzog man den über 4 m
weiten öftlichen Eingang mit dem Halbrund einer
Apfis und gliederte das Innere neu in der aus

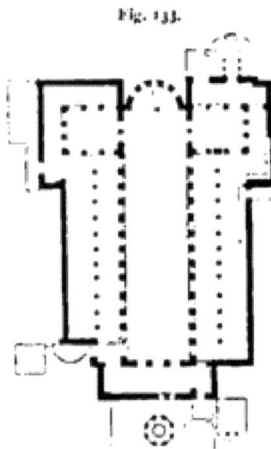

Fig. 133.

Demetrius-Kirche zu Theffalonich.
Grundriß. — ⅟₄₀₀ w. Gr.

Fig. 134 u. 135 erfichtlichen Weife. Was man fo erhielt, war ein dem allgemeinen
Bafiliken-Schema völlig entfprechender Raum, die Bezeichnung „byzantinifche
Kirche" hat man auf diefes Monument durchaus verkehrt angewendet. Die
Umwandlung hat fich höchftwahrfcheinlich im V. Jahrhundert vollzogen; nach
der Mitte des VI. erfolgte bereits eine Reftauration des durch das Erdbeben von
551 gefchädigten Baues, bei welcher auch das Paviment faft ½ m höher gelegt
wurde[79]. Infchriften im Fußboden erzählen auch hier, ähnlich wie in Parenzo und
fonft, von der Stiftung einzelner Glieder der Gemeinde von Olympia. Von den
befcheidenen Verhältniffen der letzteren fprechen die Dimenfionen des Baues.
Die Umfaffungsmauern der antiken Anlage gaben Raum für das dreifchiffige
Kircheninnere, die Vorhalle, einen Vorhof und zwei Nebenräume. Nur die Apfis
und ein kleines Propyläon an der Südfeite treten aus den antiken Mauern heraus.
Die üblichen Utenfilien des Inneren find fämmtlich in Reften erhalten: Subfellien,

---

[79] Siehe Näheres in des Verf.: Kunfthiftorifche Studien. Tübingen 1880. (Abfchn. 3: Chriftliche Alterthümer in
Griechenland).

Altar, Ambon und Schranken, letztere in der antiken Art der durchbrochen gearbeiteten, mit dem Mufter der über einander auffteigenden Halbkreisbogen geschmückten *Tranſcnnac*, die ſich aber als chriſtliche Arbeit durch das Kreuz in der Mitte kennzeichnen.

Das Umkehren der Orientirung war auch bei der Weihe des Parthenon zur Kirche der erfte Schritt. Auch hier fügte man der öftlichen Eingangsthür die in das Pteroma hinaustretende Apſis an; im Inneren der Cella nahm man vielleicht erft fpäter eine Erweiterung der Seitenfchiffe vor, indem man die Säulen mehr gegen die Mitte hinrückte. Dagegen wurde fofort die Anlage neuer, weftlicher Eingänge erforderlich, mit denen man die einft den Heka-tompedos und den weftlich angrenzenden Schatzraum, den Parthenon im engeren

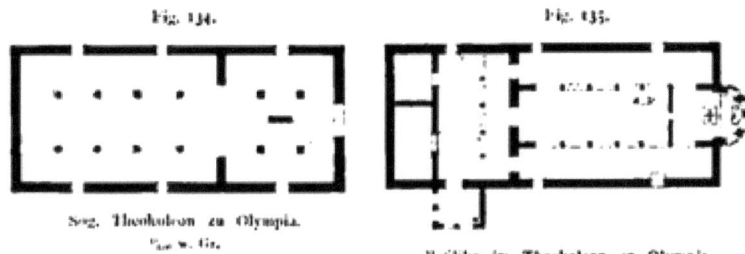

Fig. 134.

Fig. 135.

Svg. Theokoleon zu Olympia.

Bauſka im Theokoleon zu Olympia.

Sinne, trennende Mauer durchbrach, fo daß der letztere zur Vorhalle der Kirche wurde.

Aehnliche Vorgänge mögen ſich bei Adoption antiker Tempel durch die Kirche häufiger wiederholt haben; bei kleineren Abmeffungen, die eine baſilikale Dreitheilung der Cella nicht erlaubten, half man ſich auch wohl dadurch, daß man die Cellamauern in Pfeiler-Arcaden auflöste und durch Vermauerung der Intercolumnien des Pteroma Seitenfchiffe erzielte. Beifpiele diefer Art bieten der Concordia-Tempel in Agregent (als Kirche [jetzt wieder aufgehoben] *San Giorgio delle rapé*), der Athene-Tempel auf der Infel Ortygia in Syrakus *(Santa Maria del Pilicro)*, *Santa Maria dei Greci*, ein ehemaliger doriſcher Hexaſtylos, eben-falls in Agregent u. a.

b) Nord-Afrika.

Zu dem Bilde, das die bisher betrachteten Theile des altchriftlichen Kirchen-gebietes uns von der Bafilika entrollen, bieten die römiſchen Provinzen des nörd-lichen Afrika, befonders feit der neueften Durchforfchung Numidiens, Maure-taniens und benachbarter Gebiete, ziemlich zahlreiche Ergänzungen. Vor den ſchon länger bekannten Reften altchriftlicher Zeit auf ägyptifchem Boden haben jene Monumente theilweife den Vorzug geficherter Datirung durch Infchriften etc. voraus. Leider läßt in den bisher vorliegenden, zum Theil in fchwer erreichbaren Zeitfchriften zerftreuten Publicationen die graphifche Darftellung noch fehr zu wünfchen übrig, fo daß für die hiftorifch-technifche-Interpretation des Ertrag fich oft auf wenig mehr als die oft auch nur approximative Skizzirung des Grund-riffes befchränkt. Die folgenden, jenen durchweg franzöſiſchen Veröffentlichungen entnommenen Skizzen (Fig. 136 bis 139) mögen hier genügen, die momentane Lage der Forſchung anzudeuten und den Wunſch nach Vervollſtändigung des Materials zu erwecken[32]).

Manche Ruinen laſſen Bauveränderungen erkennen, die hier in Er-weiterungen, dort in Einſchränkungen beſtanden. Die dreiſchiffige Anlage herrſcht ivor; vereinzelt kommen fünf Schiffe vor, dann aber ohne bedeutende Abmeſſungen; noch weitere Parallelgliederung (Damus-el-Karita zu Carthago u. a.), wie ſie hie und da die publicirten Grundriſſe zeigen (Fig. 137), dürfte vielleicht nur das Reſultat der Neben-einanderſtellung von Funden ſein, die ganz verſchiedenen Entſtehungszeiten angehören; einzelne Reihen der wieder bloß gelegten Stützenfundamente haben wir uns wohl unter einem neuen, höher gelegten Paviment verborgen zu denken zur Zeit, als die neuen Reihen aufgerichtet wurden. Die Stützen ſelbſt beſtehen hier häufiger aus vierſeitigen Pfeilern; auch die Anordnung von Säulen längs des Mittelſchiffes und Pfeilern zwiſchen den Seitenſchiffen, wie bei der Grabeskirche, kommt

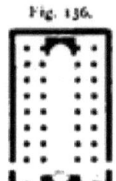

Fig. 136.

Baſilika des Reparatus zu Orléansville[33], Nach ph. Gio.

vor (z. B. in Tebeſſa, ſo wie auch in Ibrihim in Oberägypten). Obergeſchoſſe finden ſich gleichfalls vereinzelt (Baſilika der h. Salſa in Tipaſa (Tefaced) bei Algier, vielleicht auch in Orléansville). Die Apſis iſt vielfach von

Fig. 137.

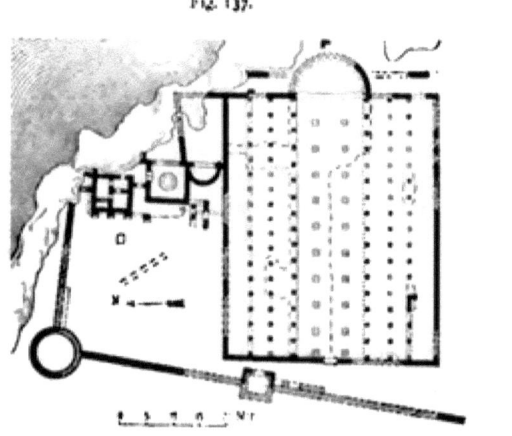

Baſilika zu Tipaſa[34].

Fig. 138.

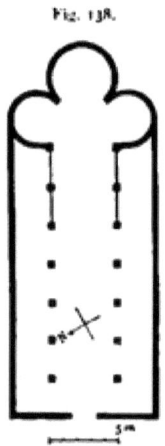

Baſilika zu Chirbet-bu-Adufen[35].

zwei rechtwinkeligen Nebenräumen (Protheſis und Diakonikon) flankirt; bis-weilen erhält auch das Presbyterium ſelbſt eine rechtwinkelige Form, wie überhaupt in Nord-Afrika ſowohl wie in Aegypten die Vorliebe für gerad-linigen Abſchluſs auch der öſtlichen Schmalſeite der Kirche ſtark hervortritt; die Apſis erſcheint dann völlig in das Oblongum eingezogen. Auch die Aus-

[31]) Ich bedaure, da ich Nord-Afrika vor 10 Jahren beſuchte, über die neueren Forſchungen nicht noch dem Augenſchein urtheilen zu können.
[32]) Nach: Hübſch, a. a. O.
[33]) Nach: Kraus, a. a. O.
[34]) Nach: Gſell, Recherches archéologiques en Algérie, Paris 1893.

nahmebildung der kleeblattförmigen Apfis, in Erinnerung an die *Cellae trichorae,* findet fich in Afrika mehrere Male, z. B. in Chirbet-bu-Adufen (Fig. 138[76], Tebeffa, Fernana bei Suk-el-Arba, Agemmun-Ubekar und fonft. (Vergl. auch Art. 28, S. 55 u. Art. 43, S. 86.) Refte von Presbyteriumsfchranken find gleichfalls erhalten, eben fo werthvolle Mofaik-Pavimente. Anomalien in der Stellung des Altars (z. B. in Tipafa) find vielleicht das Refultat fpäterer Aenderungen oder Zuthaten, neben denen der

ältere Tifchaltar in der Apfis weiter beftand. Aufser der Vorhalle findet fich auch das Atrium mit feinen vier Portiken (z. B. in Tebeffa [Thevefte]).

Die der frühesten chriftlichen Zeit fremde Sitte des Beftattens innerhalb der Kirchen erfcheint in Afrika feit dem V. Jahrhundert; zahlreich find hier die Gräber unter allen Schiffen der Kirche, zahlreich auch die Cubicula rings um den Hauptbau, wie fie ähnlich fchon *Paulinus* von Nola (fiehe Art. 43. S. 86) an feiner Felix-Bafilika erwähnt und wie fie die Cömeterial-Bafiliken des Abendlandes (z. B. *San Silveftro* bei Rom oder die Bafilika in Maftirine bei Spalato) häufig zeigen. Eine Eigenthümlichkeit afrikanifcher Monumente bleibt aber zunächft die fpät erft, feit dem beginnenden Mittelalter, im Abendlande wohl felbftändig aufgekommene Gewohnheit, ein Grab in Exedrengeftalt der weftlichen Schmalfeite der Bafilika, gegenüber der Hauptapfis, gleichfam

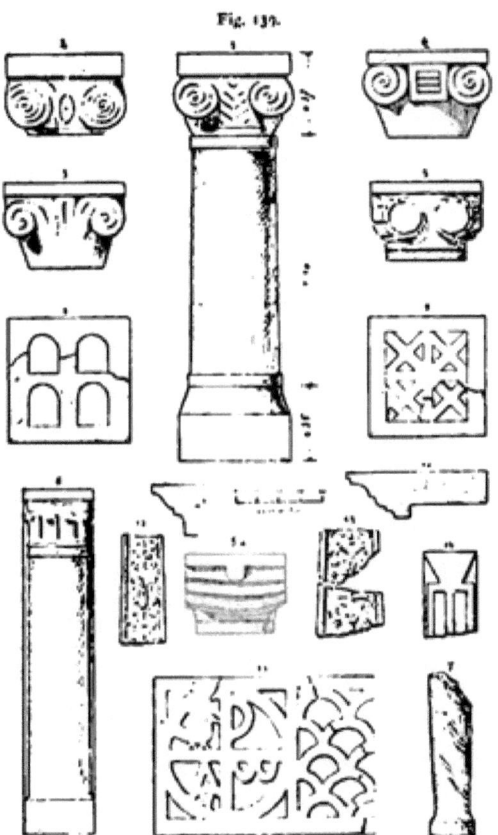

Fig. 139.

Einzelheiten aus der Bafilika der Salfa zu Tipafa[76].

wie eine Art zweiten Chores anzubauen oder, afrikanifcher Gewohnheit gemäfs, fie wie die Oftapfis einzubauen und aufsen nicht hervortreten zu laffen. Eines diefer Beifpiele, zu Orléansville in Algier (*Caftellum Tingilanum*, Fig. 136[76], ift der datirten Infchriften wegen befonders werthvoll; der 325 erbauten fünffchiffigen Bafilika wurde 475 die zweite Apfis mit dem Grabe des Bifchofs *Reparatus* angebaut; aus der Gewohnheit an die apfidalen *Cellae memoriae* mit ihrer mittels Säulenstellung sich öffnenden Frontseite hat man hier die zwei Säulen vor der Exedra herübergenommen. Ein anderes Beispiel bietet Aegypten in der Basilika zu Erment (Hermonthis[22]).

c) Central-Syrien.

Durch die Bevorzugung des Haufteines mit den afrikanischen Bauten verwandt, unterscheiden sich heute von ihnen die central-fyrifchen Monumente durch die durchgehends weit vorzüglichere Erhaltung, die sie uns für manche Fragen in der Gefchichte der altchriftlichen Architektur zu unschätzbaren und oft einzigen Zeugen macht. Auf die Urfachen, denen wir diefen relativ vortrefflichen Zuftand der Bauten verdanken, ift schon in Art. 53 (S. 102) vorübergehend hinge-

62.
Eigenart
der
fyrifchen
Bauten.

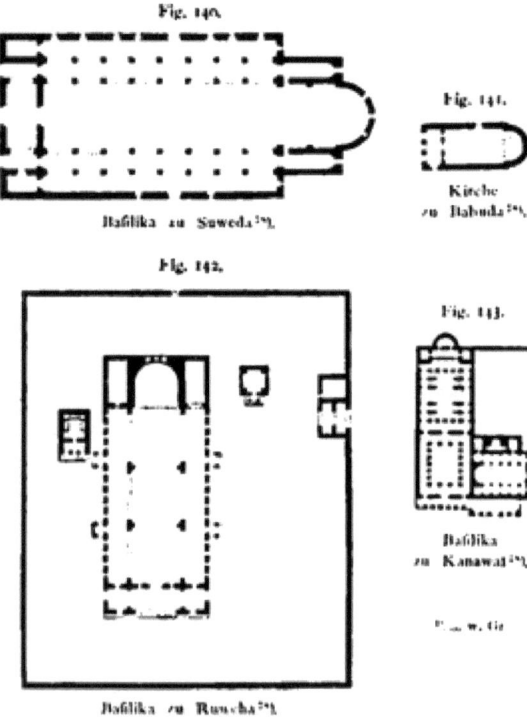

Fig. 140.

Bafilika zu Suweda[23].

Fig. 141.

Kirche zu Babuda[24].

Fig. 142.

Fig. 143.

Bafilika zu Kanawat[25].

Bafilika zu Ruweha[26].

wiefen worden. Die zahlreiche chriftliche Bevölkerung, welche jene mehr als hundert, in den grofsartigften Ruinencomplexen noch erhaltenen Ortfchaften im Hauràngebirge öftlich von Damascus und weiter nordwärts gegen Aleppo hin bewohnte, ift offenbar bei einem heftigen Anfturm nomadifirender Islamiten im Anfang des VII. Jahrhundertes vertrieben worden und nicht zurückgekehrt; was fie mit reichen Mitteln und grofsartigem künftlerifchen Sinn auf facralem wie profanem Gebiet gefchaffen, war den Ueberwindern preisgegeben; aber ihre Zerftörungsluft hat es nicht gereizt. Nur allein dem durch die Verödung bedingten allmählichen Verfall und der Gewalt der Erdbeben fielen die maffiven, zum Theil (im Haurán) ohne jegliche Verwendung von Holz errichteten Bauten anheim; ihre graphifche Reconftruction wird

durch das vielfach wohl zertrümmerte, aber nicht verfchleppte Material wie
nirgend fonft erleichtert. Die bildliche Anfchauung verdanken wir faft ausfchliefslich der umfangreichen Publication *de Vogüé's*, auf die fich feither jede
Darftellung, fo auch die folgende, geftützt hat. Wir müffen uns hier wieder auf
das Charakteriftifche, für die gefchichtliche Entwickelung Bedeutfame befchränken.

Fig. 144.

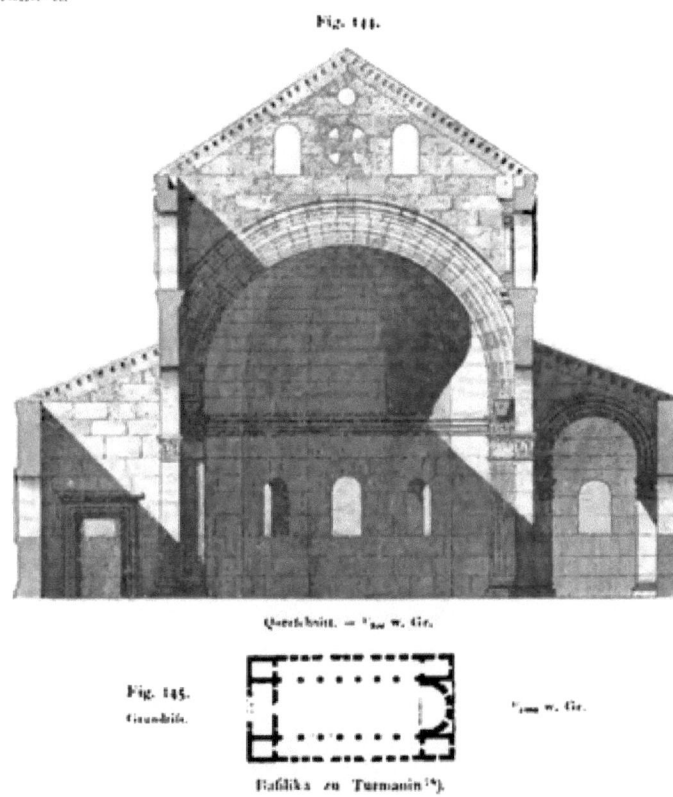

Querfchnitt. — ¹/₂₀₀ w. Gr.

Fig. 145.
Grundrifs.

¹/₂₀₀ w. Gr.

Bafilika zu Turmanin [14]).

In der Grundrifsdispofition halten fich die fyrifchen Kirchen, mit Ausnahme
weniger fpäter zu befprechender Centralanlagen, durchaus an den Normaltypus
der dreifchiffigen Bafilika. Nur einmal findet fich ein fünffchiffiger Bau (in
Suweda, Fig. 140[15]), ganz vereinzelt ein ungegliederter Raum (z. B. in Babuda,
Fig. 141[16]). Die Vorhalle fehlt felten; dagegen ift ein Atrium nur bei einem
urfprünglich antiken, erft fpäter zur Kirche geweihten Bau (in Kanawat,
Fig. 143[17]) nachgewiefen. In Ruweha ift bei zwei Kirchen ein Peribolos erhalten
(fiehe den Grundrifs der einen in Fig. 142[18]) zu dem, füdwärts der Bafilika, ein
Propylion mit nach innen einfpringender Thorkammer und Wächterraum hinein-
führt und in deffen Bezirk fich zwei frei ftehende Maufoleen erheben.

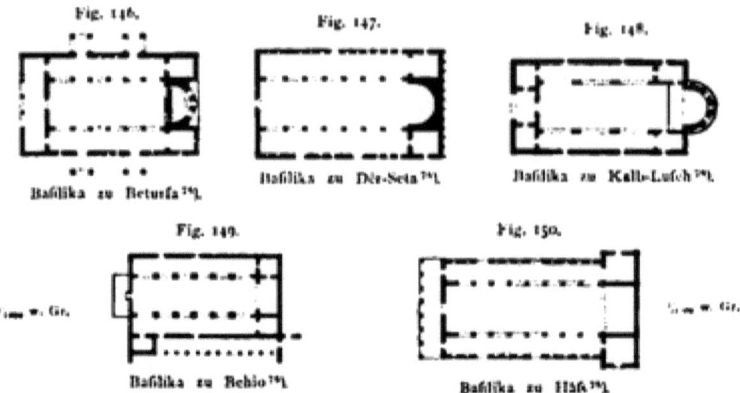

Fig. 146.

Basilika zu Beturfa[78].

Fig. 147.

Basilika zu Dêr-Seta[78].

Fig. 148.

Basilika zu Kalb-Lufch[78].

Fig. 149.

Basilika zu Behio[78].

Fig. 150.

Basilika zu Ilâfs[78].

Die Gliederung des Inneren gefchieht vereinzelt durch Pfeiler, durchgängig durch Säulen. In den Seitenmauern find zahlreiche Fenfter und vielfach auch je zwei Eingänge angebracht, die bisweilen mit vorgelegten Portiken gefchmückt find. Das Presbyterium zeigt, mit einer Ausnahme (Oblongum) ftets die Apfis in annähernder Breite des Mittelfchiffes, vielfach um zwei oder mehr Stufen erhöht, mit Fenftern gefchmückt. Nach außen ift die Apfis mehrfach polygon geftaltet; ihr zur Seite oder auch wohl in den Hauptkörper der Bafilika hinein-gefchoben, von den Seitenfchiffen geborgt, liegen Prothefis und Diakonikon, fchwach oblong im Grundriß; von den Eingängen derfelben ift (mit neun Aus-nahmen, wo diefelben gleich gebildet find, der des einen Raumes in ganzer Breite des letzteren geöffnet, der des anderen als kleinere Thür geftaltet (Fig. 146 bis 152[78]), zweifellos ein Fingerzeig für die ehemalige Beftimmung der Räume, indem der große, bequeme Eingang auf die Prothefis hindeutet, in der die Ge-meinde die Abendmahlsgaben niederlegte, während der mehr abgefchloffene Raum das Diakonikon, die Sacriftei, enthielt[79]. Eine kleine Seitenthür ver-

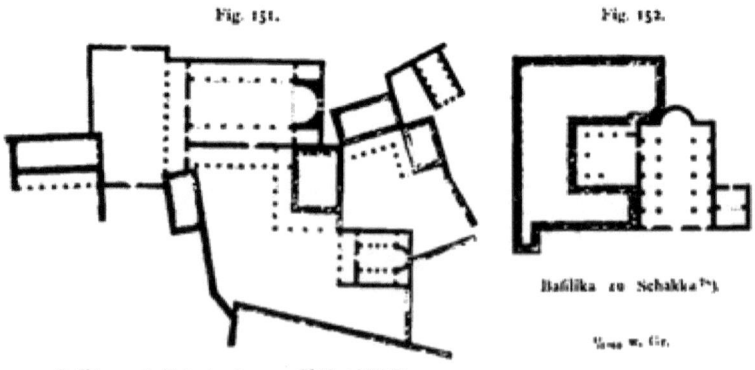

Fig. 151.

Fig. 152.

Basilika zu Schakka[78].

Basilika und Nebenbauten zu Chisbet-Ilâfs[78].

[78] Vergl. die näheren Ausführungen in meinem mehrfach genannten Buche, S. 60 bis 94.

Handbuch der Architektur. II, 3, a. (2. Aufl.)

8

mittelt bisweilen direct zwischen letzterer und der Hauptapfis. Bezüglich des Aufbaues diefer Räume fei hier gleich erwähnt, dafs fich über ihnen, bisweilen fogar mehrfache, Obergefchoffe befinden, die vielleicht zur Aufbewahrung heiliger Geräthe etc. dienten.

Alle fyrifchen Kirchen verfchmähen ausnahmslos die Emporen. Die fchein-bar einzige Abweichung von diefer Regel, in Taf-cha, ift wohl in die Reihe der von der Kirche adop-tirten antiken Monumente zu verfetzen, unter denen fie ihr Analogon in der Nachbarfchaft (Schakka) befitzt. Eben fo wird die bei diefen beiden Monu-menten unterlaffene Ueber-höhung des Mittelfchiffes bei allen kirchlichen Bafi-liken ftreng durchgeführt.

Das aus Fig. 153 u. 154[34]) erfichtliche Syftem des Aufbaues des letzt-genannten Werkes ift für den praktifchen und er-finderifchen Sinn der Mei-fter im holzarmen Haurân-Gebirge außerordentlich bezeichnend. Die Verbin-dung der Stützen, die Bö-den der Emporen, Decke und Dach des Baues, Alles war lediglich aus Haustein zu bilden. Für die zu ver-wendenden Steinplatten war defshalb ein ficheres Auflager zu fchaffen und für diefes eine dichte Reihe von Stützen erfor-derlich. Je fechs vierkan-tige Pfeiler begrenzen feit-lich das Mittelfchiff; ihnen correfpondiren an den Umfaffungsmauern Pfeiler von etwas größerer Tiefe. Quer über das Mittelfchiff

Fig. 153.

Aufbau.

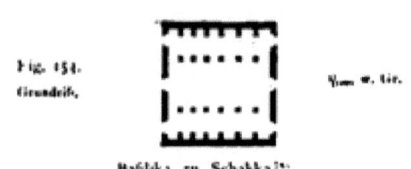

Fig. 154.
Grundrifs,

Bafilka zu Schakka[35].

hinüber find von Pfeiler zu Pfeiler Halbkreisbogen gefchlagen; eben fo fpannen fich Bogen in der Längenrichtung von Pfeiler zu Pfeiler, und zwar in doppelter Anordnung, über einander, und das gleiche Syftem wird inner-halb der Seitenfchiffe in der Querrichtung je fechsmal wiederholt. So ift ein feſtes Gerippe ſtützender Glieder gegeben, das durch Ausladen der oberſten Schichten, bezw. durch Vorkragen unter den Emporenböden diefen und den Steinplatten der Decke, die zugleich das flache Dach bildet, ein ſicheres Auflager gewährt und die ungeſtützte Fläche auf das geringſte Maſs reducirt. Die Bogenkämpfer wie die Vorkragungen ſind einfach kräftig profilirt.

Fig. 155.

Baſilka zu Ruweha. — Aufbau [76].

Die Anordnung transverſaler Bogen im Mittelſchiff wiederholt ſich in Syrien noch einmal in der nördlichen Gruppe, zu Ruweha (Fig. 155[76]). Die Gründe dieſes Motives waren hier nicht, wie in Schakka und Tafcha, ſtructiver Natur; es galt hier, wo ein hölzerner Dachſtuhl errichtet wurde, nicht, ein Auflager für Steinplatten zu gewinnen; vielmehr ſind die Bogen in weiten Abſtänden errichtet, auf vierſeitigen, hoch aufſtrebenden, cannellirten Vorlagen der breiten, niedrigen Pfeiler, welche die weit geſpannten, die Obermauern des Mittelſchiffes tragen-

8*

Fig. 156.

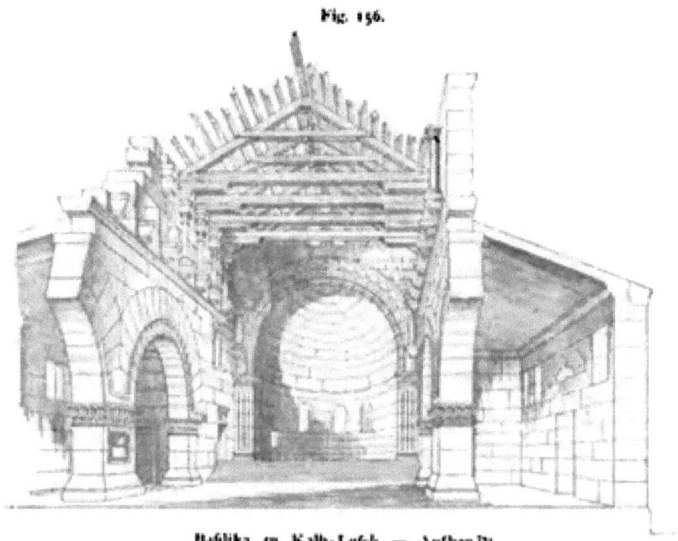

Basilika zu Kalb-Lułch. — Aufbau [*].

Fig. 157.

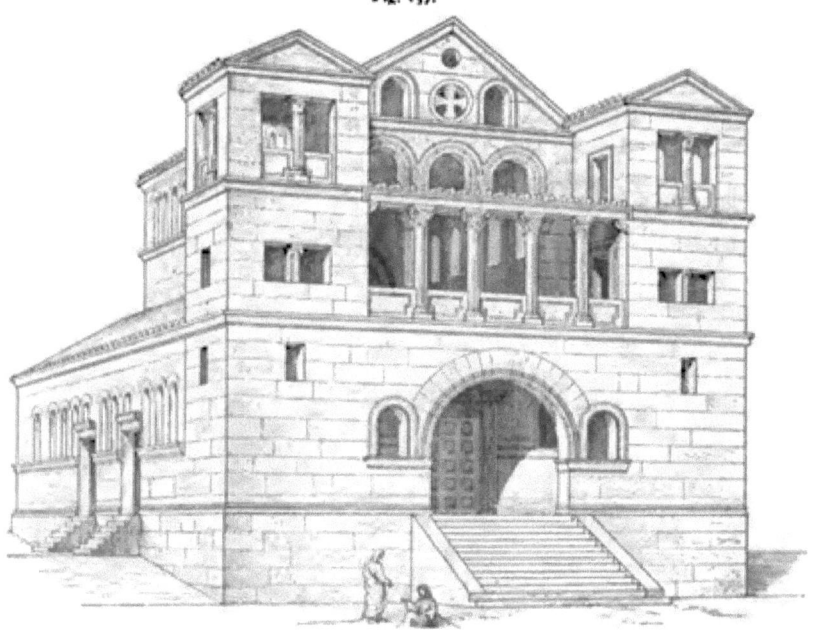

Basilika zu Turmanin. — Ansicht [*].

den Rundbogen aufnehmen. Eine in letzterer Beziehung ähnliche Anlage, auffallend weite Arcaden, welche den aus technischen Rückfichten, der Decken

Fig. 158.

Von der Bafilika zu Mudfcheleja[18].

wegen, gegliederten Raum im Interefse feiner
Beftimmung wieder möglichft einheitlich ge-
ftalten, findet fich noch einmal, aber mit Fortlaffung der Querbogen, in Kalb-Lufeh (Fig. 156[78]).

Auch in den an Zahl dominirenden
Säulenbafiliken herrfcht die Bogenverbindung
durchaus vor. Nur ein Beifpiel der im Profanbau häufigen Anwendung gerader Gebälkes
ift bekannt: in Beturfa (Fig. 160[78]). Die Axen-
weite beträgt nur 1,70 ™; trotzdem hat man, um
die freie Spannung der Architrave zu ver-
vermindern, das derb profilirte Kapitell fich
feitwärts noch confolenartig verkröpfen laffen,
fo dafs die Länge des frei tragenden Gebälkes
nur 60 ᶜᵐ beträgt. Aber auch bei den Arcaden
find die Intercolumnien vielfach auffallend eng.
So konnte es gefchehen, dafs in Mudfcheleja
ftatt der Keilfteine für die Bogen je zwei hori-
zontal lagernde Quader verwendet wurden,
aus denen der Bogen herausgefchnitten und

auch noch ein Gefims herausgearbeitet ift (Fig. 158[78]).

Die Fenfteranlage ift in den fyrifchen Kirchen befonders reich. Die Regel
bildete im Obergaden je eines über jedem Intercolumnium; in Kalat-Sim'an
(Fig. 164[78]) find deren fogar je zwei angeordnet, und in Bakufa (Fig. 159[78]) entfpricht
auch jeder Säule je ein Fenfter. Die Form ift, wie auch in den Seitenfchiffen,
diejenige des Oblongums mit Halbkreisbogen. Wo ein gerader Sturz gewählt

Fig. 159.

Bafilika zu Bakufa. — Längenfchnitt[78].
¹⁄₁₀₀ w. Gr.

wird, ift derfelbe häufig durch eine Lunette, wie bei den Thüren, entlaftet. Auch
die Eingangsfeite zeigt Fenfter im oberen Theile der Mauer; neben den läng-
lichen erfcheinen hier auch Rundfenfter, bisweilen mit einem mächtigen Stein-

Fig. 160.

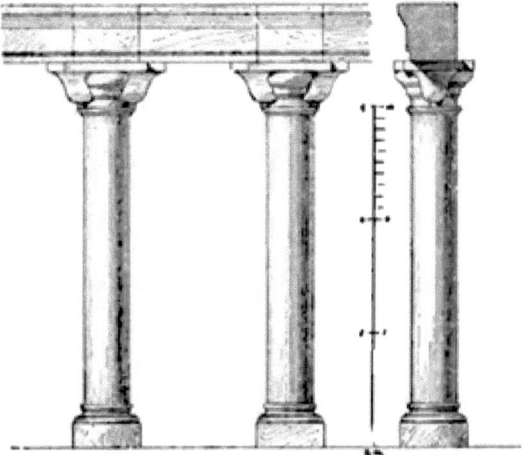

Säulen und Gebälke zu Beturfa[14].

Fig. 161.

Basilika zu Kalb-Lufeh. — Façade[15].
1/160 w. Gr.

kreuz, z. B. in Turmanin (Fig. 157[76]); vergl. Kalb-Lufeh (Fig. 161[76]) und Babuda (Fig. 162[76]). Turmanin befitzt auch breite Fenfter mit Theilungsfäule, bezw. -Pfeiler mit Halbfäule. Bei kleineren Dimenfionen wird auch hier, wie bei den Arcaden, der halbkreisförmige Abfchlufs nicht durch Keilfteine hergeftellt, fondern einfach aus einem einzigen Blocke herausgefchnitten (z. B. in Kokanaja, Fig. 163[76]).

Aufserordentlich fchmückend und belebend wirken an den Obermauern des Mittelfchiffes die als Träger der Deckbalken verwendeten, auf Confolen vorgekragten kleinen Säulen, z. B. in Kalb-Lufeh (Fig. 156[76]) Turmanin (Fig. 141[76]) und Kalat-Sim'an (Fig. 164[76]).

Fig. 162.

Kirche zu Babuda. — Façade [76].
[76] n. Gr.

Fig. 163.

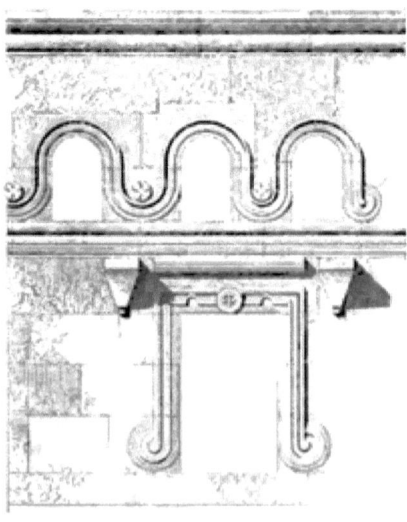

Von der Bafilika zu Kokanaja [76].
[76] n. Gr.

Fig. 164.

Syftem
der Kirche zu Kalat-Sim'an [76].

Fig. 165.

¹/₁₆₀ w. Gr.

Apsis der Kirche zu Kalb-Lûseh²⁴).

Fig. 166.

Von der Apsis der Kirche zu Kalat-Sim'an²⁵).

Fig. 167.

Archivolte
an der Apfis
zu Kalb-Lufeh[70])

Fig. 168.　　　Fig. 169. 　　　Fig. 170.　　　Fig. 171.

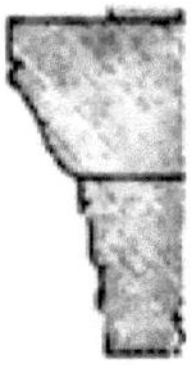

Archivolten-Profile　　　zu Turmanin[20])　　　Gefimspromil
zu Dêr-Seta[28])

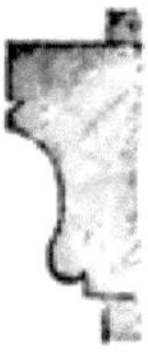

Fig. 172.

Fig. 173.

Fig. 174.

Fig. 175.

Sockelprofil
zu Dêr-Seta[24])

Thürprofil
zu Dêr-Seta[28])

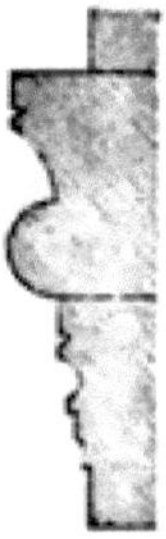

Thürfturzprofil
zu Bakufa[20])

Fenftereinfaffung
zu Bakufa[70])

Fig. 176.

Säulen-Bafis
zu Esfedi[80])

14.
Arabeten. Einen hervorragenden Reiz endlich gewinnen die fyrifchen Kirchen durch
das nicht bloß frei von fpäteren Umänderungen erkennbare, fondern auch in

Fig. 177.

Pilafter-Kapitelle und Archivolten in der Kirche zu Kalat-Sim'an [20].

ganz hervorragendem Maße reich und mit durchaus eigenartigen Ideen durch-
gebildete Aeußere. Alle Seiten find hier gleichmäßig bedacht worden; gleich
wohl entfällt naturgemäß der Löwenantheil auf die Façade.

Mit Ausnahme des vereinzelten geradlinigen Abfchluffes der Oftfeite ift
jeder Bautheil nach Difpofition und Aufbau auch nach außen vollkommen klar

Fig. 178.

Thürfturz an der Kirche zu El-Bara[*]

und ohne jede Maskirung dargeftellt. Deutlich hebt fich mit feinen Giebeln das
Satteldach des Mittelfchiffes, ftets dominirend, heraus; die Pultdächer der Seitenfchiffe, die Rundung der Apfis find klar erkennbar. Durchaus neu ift, z. B. in
Turmanin und Kalb-Lufeh (Fig. 157 u. 161) die Behandlung der Vorhalle. Beide
Male öffnet fie fich, über einer Freitreppe, in einem mächtigen Rundbogen, der
jedesmal von thurmartigen Nebenbauten flankirt ift. Ein kräftiges Gefims, in
der Höhe der Dachlinie der Seitenfchiffe, faßt den unteren Theil der Façade
einheitlich zufammen. In Kalb-Lufeh find neben dem Eingang je zwei Ge-
schoffe an den Fenftern erkennbar. Darüber

Fig. 179.

Säulenkapitell in der Kirche
zu Kalat-Sim'an[*]

fteigen, wie in Turmanin, die Obergefchoffe mit
Giebeldächern auf, an Höhe dem Mittelfchiff-
giebel untergeordnet. Zwifchen diefen Thürmen
zeigt die Bafilika zu Turmanin eine Säulen-
Loggia, die zu Kalb-Lufeh einen offenen Balcon.
Das zierliche Motiv der oberen Loggia ift
auch bei der einfchiffigen Kirche zu Babuda
(Fig. 162[*]) über der dreitheiligen unteren
Säulenvorhalle verwendet. Durch den einen,
gemeinfamen Giebel ift dabei hier die unge-
gliederte Anlage des Ganzen auch in dem
Vorbau markirt.

Unter den Apfiden ragt bezüglich der
Außenbehandlung diejenige zu Kalb-Lufeh
und die des Hauptbaues in Kalat-Sim'an befonders hervor. Bei beiden ift, eben fo wie
z. B. in Turmanin und Bakufa, zunächft ein

Bafament kräftig betont; darauf erheben fich, über einander, zwei Reihen von
Halbfäulen derart, daß Apfisfenfter und Halbfäulen alterniren. In Kalat-Sim'an

Fig. 180.

Säulenkapitell in Erfedi [79].

Fig. 181.

Säulenkapitell
in Serdfchilla [80].

Fig. 182.

Säulenkapitell in Erfedi [81].

Fig. 183.

Säulenkapitell
in Serdfchilla [82].

Fig. 184.

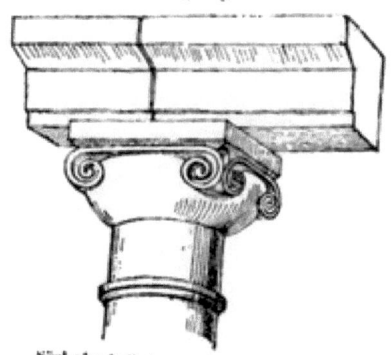

Säulenkapitell in Serdfchilla [83].

Fig. 185.

Säulenkapitell in El-Bara [84].

Fig. 186.

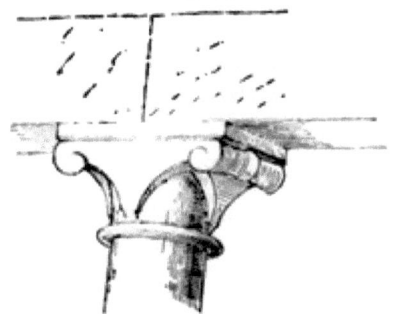

Säulenkapitell in Bakufa [85].

verkröpft fich unter ihnen das Bafament, fo daß Poftamente entftehen, und eben fo über ihnen das die Mitte der Apfis umziehende Gurtgefims, fo daß auch hier Verkröpfungen gebildet werden; auf diefen erheben fich wieder die oberen Halbfäulen, denen auch hier ftark ausladende, kämpferartige Gebälkftücke aufgefetzt find. In ihrer Function als Träger des Kranzgefimfes werden fie durch die alternirend angebrachten Confolen unterftützt; zwifchen beiden dienen nifchenartige Einfchnitte mit Mufchel-Ornament zur Decoration des Gefimfes (Fig. 166[78]). In Kalb-Lufeh fehlen die Poftamente, fo wie das Gurtgefims; die ftarken Plinthen der oberen Säulen ruhen hier direct auf den Kapitellen der unteren (Fig. 165[78]).

Wie eine Abbreviatur erfcheint die Apfiden-Decoration in Turmanin, wo wohl Poftamente und entfprechende Gefimsverkröpfungen, aber keine Halbfäulen vorhanden find, während in Bakufa nach Ausweis der allein noch vorhandenen Confolen nur die obere Hälfte der Apfismauer mit Halbfäulen gefchmückt gewefen zu fein fcheint.

Fig. 187.

Grabthür zu Il26[78].

Die an den Apfiden fchon erwähnten Gefimfe bilden auch an den Langfeiten und den Façaden ein wefentliches Mittel der Decoration. Der weit mehr wie im Abendlande, mit feiner Vorliebe für malerifche Ausfchmückung, auf plaftifche Gliederung gerichtete Sinn der fyrifchen Meifter, der fich auch im Inneren der Bauten ausfpricht, zeitigt hier aufserordentlich reiche, ja phantaftifche Formen, die äfthetifch oft nicht mehr zu befriedigen vermögen. Bandartig z. B. umzieht vielfach ein Gefims eine Fenfterreihe, am Fufse bald rechtwinkelig gebrochen, bald auch in einer Curve weiter laufend, bis es fich volutenartig aufrollt (Fig. 163[78]). Von der Häufung der Glieder giebt u. a. die Façade des Octogons von Kalat-Sim'an ein Bild (Thüren und Fenfter zum Theile fpäter vermauert). Claffifche Profilirungen in voller Reinheit begegnen uns felten; die Häufung von Karniefen, Wulften, Einziehungen, Bändern, Schrägen etc. ift die gewöhnliche Signatur bei Archivolten, Thürumrahmungen, Fenftereinfaffungen, Bafen, Gefimfen etc. (Fig. 166 bis 176[78]).

Die Schwierigkeit, das oft aufserordentlich harte Geftein, z. B. im Haurân, zu bearbeiten, muß übrigens bei vielen diefer Werke in Anfchlag gebracht werden. Die Freude an reicher Reliefirung ift aber dadurch den Sculptoren nicht gemindert worden; nur das oft Harte, Eckige, Zackige der Formen findet zum Theil wohl darin feine Erklärung. In den ornamentalen Formen am Kapitell, Thürfturz, Gefimfe etc. herrfcht das vegetabilifche Element durchaus vor;

Fig. 188.

Vorhalle des Südflügels der Kirche zu Kalat-Sim'an[18]. — 1/200 w. Gr.

Fig. 189.

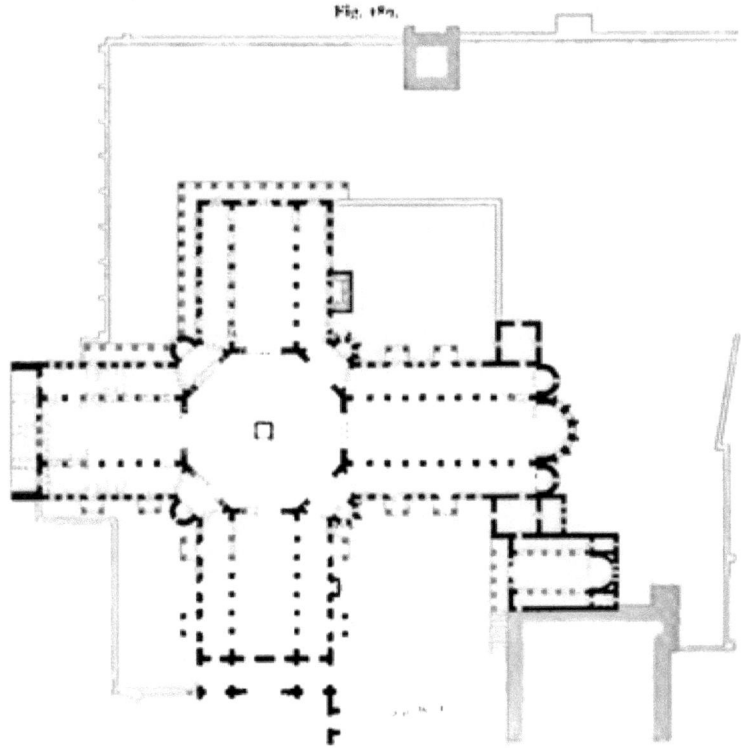

Kirche zu Kalat-Sim'an. — Grundriß[19].

namentlich der traditionelle zackige Akanthus giebt fich in mannigfacher Stili-
firung zu erkennen (Fig. 177 u. 179[74]). Charakteriftifche Bildungen, die fich auch
fonft im Often (Jerufalem u. a. a. O.) finden, wie die feitwärts fich umfchlagenden,
wie vom Winde bewegten Blätter (Fig. 179) und Aehnliches mifchen fich ein.
Die antiken Kapitellformen erfcheinen zum Theile ftark reducirt (Fig. 180 bis
184[75]); ganz neue treten hinzu, bei denen häufig im Intereffe des Auflagers für
das Gebälke der feitliche Durchmeffer gröfser genommen ift, alfo eine oblonge
Grundfläche des Abakus entfteht (Fig. 185 bis 186[76]). Auch die chriftliche Sym-

Fig. 190.

Schnitt nach XY. = 1/200 w. Gr.

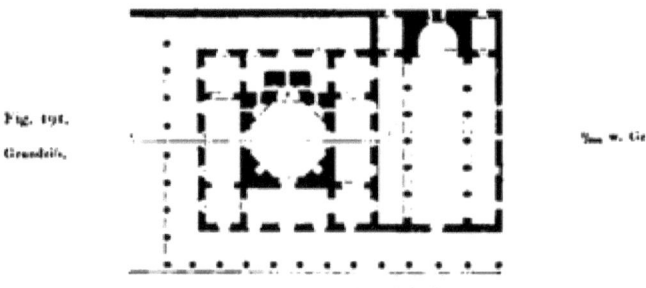

Fig. 191.

Grundrifs.

1/200 w. Gr.

Baptifterium zu Kalat-Sim'an[77].

bolik fpielt eine grofse Rolle, das Kreuz und das Monogramm Chrifti, letzteres
auch in der aus dem Griechifchen und Lateinifchen gemifchten Form, bei welcher
das P durch das R erfetzt wird[78]), find befonders häufig. Ergänzend treten
zahlreiche Infchriften, befonders über den Portalen hinzu, die oft durch Zeit-
angaben für die Datirung der Monumente von hohem Werthe find[79]).

Von der Ornamentation der bei kleineren Dimenfionen, z. B. an Grabbauten,
gleichfalls aus Stein gearbeiteten Thürflügel giebt Fig. 187[78) ein Bild.

Wie Syrien nicht blofs an wohl erhaltenen Kirchen, fondern auch an den
verfchiedenften Nebenbauten aller Art befonders reich ift, fo befitzt es auch ein

G.-Kalat-Sim'an.

[78]) Siehe meine Abhandlung über Nola in: Zeitfchr. f. bild. Kunft 1875, S. 138 ff.
[79]) Siehe Näheres in meinem mehrfach erwähnten Buche, S. 32 ff.

Fig. 192.

Längenschnitt.

⅟₁₀₀ w. Gr.

Fig. 193.

Grundriß.

⅟₁₀₀ w. Gr.

Centralbau zu Mudscheleja [?].

Fig. 194.

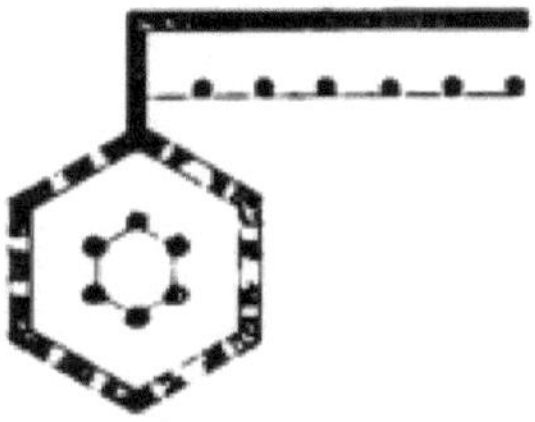

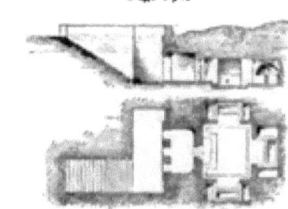

Centralbau zu Dêr-Seta [?].
⅟₁₀₀ w. Gr.

Fig. 195.

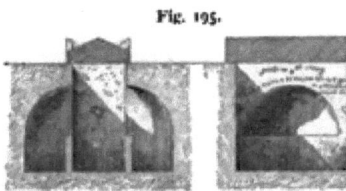

Grab des *Eusebius* zu Kokanja [?].
⅟₁₀₀ w. Gr.

Fig. 196.

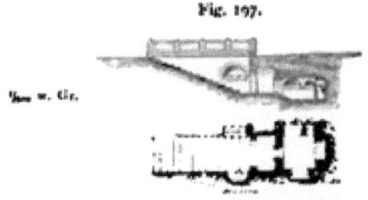

⅟₁₀₀ w. Gr.

Fig. 197.

Grabanlage zu Delschindelaja [?].

Grabanlage zu Dêr-Sanbil [?].

Fig. 198.

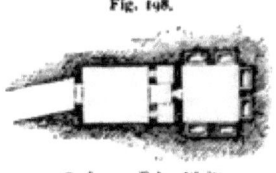

Grab zu Erbe-Eh [?].

Fig. 199.

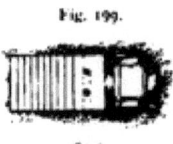

Grab
zu Mudscheleja [?].

Fig. 200.

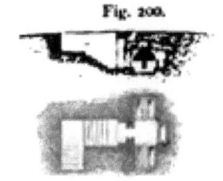

Grab des *Malchus* zu El Bara [?].

Kalat-Sim'an. — A

Heutige

Anſicht von Norden.

Zuſtand.

Fig. 201.

Grab zu Mudschleja [2].

einzigartiges Monument in einer Denkmalkirche, wie fie in diefer Geftaltung fich fonft nirgends wiederfindet. Es ift die Anlage von Kalat-Sim'an, die ihren Namen nach dem h. *Simeon*, dem Styliten, trägt, der hier auf einer Säule als

Fig. 202.

Grabmal zu Dana [3].

Asket fein Leben befchlofs. Schon bei feinen Lebzeiten hatten fich Scharen von Anhängern hier angefiedelt, und nach feinem Tode (159) begann man alsbald neben den fchon beftehenden Bauten die Stätte, an der der Heilige gepredigt, die 12 m hohe Säule als geheiligten, dauerndem Gedächtnifs geweihten Ort zu umfriedigen und mit einem monumentalen Bau zu umziehen. Achtfeitig wurde der gegen 30 m weite Platz von weiten Pfeilerarcaden umgeben, fo dafs die aus drei Trommeln gebildete Säule, deren Poftament noch *in fitu* ift, inmitten des Raumes unter freiem Himmel ftand (vergl. die neben ftehende Tafel u. Fig. 188). Diefe hypäthrale Anlage ift für Denkmalkirchen durchaus charakteriftifch. An die vier nach den Himmelsgegenden (mit leichter Abweichung) gerichteten

Seiten diefes octogonen Hofes fchliefsen fich dreifchiffige bafilikale Hallen an
drei von ihnen find völlig gleich geftaltet, mit je zwölf Säulen als Trägern der
Obermauern des Mittelfchiffes und Eingängen, bezw. Vorhallen an den dem
Octogon gegenüber liegenden Schmalfeiten. Nur die öftliche Bafilika ift um
ein Drittel länger gehalten und an der einen Schmalfeite mit einer grofsen
mittleren und zwei kleineren feitlichen Apfiden abgefchloffen. Dies ift der
für die gottesdienftlichen Handlungen beftimmte Raum, die eigentliche
Kirche, während die drei anderen Hallen nur Durchgangshallen zum Octogon

darftellen. So entfteht eine
Gefammtanlage nach der
Form des lateinifchen Kreuzes, bei der wir aber ftets
im Auge behalten müffen,
dafs es fich nicht um irgend
ein Prototyp von kreuzför-
migen Kirchen handelt, fondern nur um eine Gruppirung
von vier unter fich nur lofe
verbundenen felbftändigen
Bafiliken um einen offenen
Hof. Diefes mittlere Octogon
entfpricht nur fcheinbar der
Vierung von Kreuzkirchen;
es ift ihr in Wahrheit ent-
gegengefetzt, es ift nicht der
die Hallen der Flügel ver-
einigende, hoch aufragende
Mittelraum, fondern der fie
trennende offene Hof. Defshalb ift es grundfalfch, diefes
Monument von Kalat-Sim'an
der Gruppe der Centralan-
lagen zuzufchreiben; es gehört lediglich der Claffe der
Bafiliken an.

Obwohl das Innere der
Bauten durch Erdbeben ge-
litten hat, fo ift doch die Reconftruction, da die Trümmer
an Ort und Stelle liegen
und niemals wefentliche Veränderungen am Bau vorge-
nommen find, ohne Hypo-
thefen leicht zu vollziehen.
Für die Datirung ift von
grofser Bedeutung, dafs die
ganze Anlage durchaus mit
der von *Evagrius* 560 gegebenen Befchreibung har-

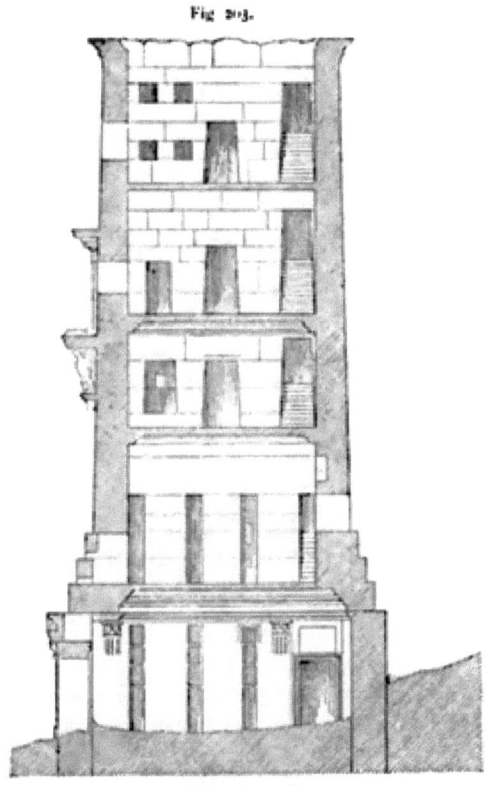

Fig. 203.

Schnitt. — ¹⁄₁₀₀ w. Gr.

Fig. 204.
Grundrifs.

¹⁄₁₀₀ w. Gr.

Grab des *Jamlichus* zu Palmyra²⁵)

Grab des *Jamblichus* zu Palmyra[*].
Wiederherstellung. — 1/200 w. Gr.

monirt; zwischen den beiden *termini post quem* (159) und *ante quem* (560) wird die ftiliftifche Analyfe des Baues für die Entftehung in der erften Hälfte jener hundert Jahre fich entfcheiden.

Von architektonifch Bedeutfamem und Befonderem ift noch Folgendes hervorzuheben.

Zur weftlichen Bafilika, deren vorderer, über den Rand des Hügels hinaus-
tretender Theil auf Gewölben ruht, führte ehemals eine breite Freitreppe hinauf,
wie wir deren auch bei anderen fyrifchen Kirchen finden. Die Eingänge find
bei allen drei Bafiliken verfchieden angeordnet. Bei der weftlichen führt je eine
Thür zu den Seitenfchiffen und ein breites, durch drei Säulen getheiltes Portal in
das Mittelfchiff, fo dafs eine Säule auf die
Mittelaxe trifft, ähnlich wie in der füdlichen
Bafilika, wo in das Mittelfchiff zwei durch
ein Mauerftück getrennte Thüren leiten.
Diefer Südbafilika ift eine Vorhalle vorgelegt
(Fig. 189[78]), welche fich in einem grofsen
mittleren und zwei kleineren feitlichen
Bogenportalen nach vorn und je einem
nach den Seiten öffnet. Der mittlere Portal-
bogen ruht auf je einer der Mauer vor-
gefetzten Säule. Jeder diefer Eingänge ift
durch einen Giebel als gleichfam etwas für
fich Beftehendes charakterifirt; in das Tym-
panon des Mittelgiebels fchneidet der Portal-
bogen bedeutend ein. Vor die die Portale
trennenden Mauertheile, welche durch die
Cannellüren, Bafis und Kapitell als Pfeiler
charakterifirt find, fpringt ein Pilafter vor,
der eine Säule trug; über derfelben ift am
Giebelanfang ein verkröpftes Gebälkeftück,
vielleicht als Träger plaftifchen Schmuckes,
zu denken. Ueber den inneren Thüren ift
ein von Confolen getragenes Gefims bemerkenswerth. Mit Archivolten umrahmte
Entlaftungsbogen, deren jetzt leere Lunetten
mit durchbrochenen Platten (tranfennae) ge-
füllt zu denken find, finden fich, wie durchgehends in Syrien, über allen Thüren. Zu
den Eingängen an den Schmalfeiten der
Bafiliken treten bei jeder noch je zwei an
den Langfeiten hinzu; wie auch fonft find
fie mit Säulenportiken verfehen, mit Ausnahme zweier Seiten, an denen eine fort-
laufende Säulenhalle entlang geht. Das Innere der Bafiliken zeigt die wegen ihrer
Höhe und ihres Glanzes fchon von *Evagrius*
gerühmten Säulen auf Poftamente geftellt,
eine in Syrien wenig verwendete Anordnung.

Fig. 206.

Vorderanficht — ¹⁄₁₅₀ w. Gr.

Fig. 207.　　　　Fig. 208.

Grundrifs. — ¹⁄₃₀₀ w. Gr.
Grabmal des *Diogenes* zu Hâfs[79].

Am Obergaden finden fich, wie z. B. in Turmanin, die von Confolen getragenen
Säulchen als Mittträger der Dachbalken (vergl. Fig. 164, S. 119).

Im Octogon wiederholt fich die fchon an der Südvorhalle bemerkte Anordnung, dafs die grofsen, in die Bafiliken und in die die Seitenfchiffe verbindenden
Zwifchenräume an den Diagonalfeiten leitenden Bogen auf Säulen ruhen, welche
den Eckpfeilern vorgefetzt find.

Die erwähnten Räume an den Diagonalfeiten find mit Apfiden verfehen. Vom plaftifchen Reichthum der Archivolten und Pilafterkapitelle giebt Fig. 177 (S. 122, aus der Oftbafilika) ein Bild.

Fig. 209.

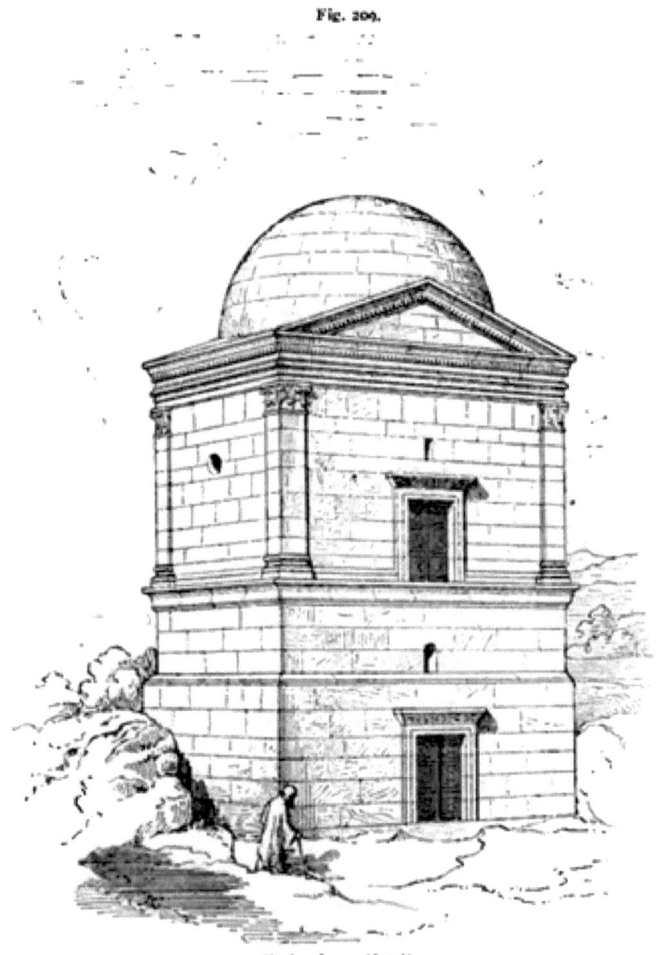

Grabmal zu Hafs ...

Innerhalb der großen Klofteranlage von Kalat-Sim'an, der Mandra, findet fich auch eine der in den fyrifchen Ruinen feltenen Centralanlagen, die wir vielleicht als Baptifterium in Anfpruch nehmen dürfen (Fig. 190 u. 191⁵⁶) Ein octogoner Raum mit Nifchen in den Diagonalfeiten ift nach außen zum Quadrat ergänzt und von vier fchmalen Seitenräumen umgeben; in den öftlichen Neben-

raum fpringt die rechtwinkelig ummauerte Apfis hinein. Ueber die Pultdächer
diefer Seitenräume ragt das
Octogon mit feinem Licht-
gaden hoch hinauf, an den
Ecken innen wie außen mit
vorgekröpften Säulen ge-
fchmückt; ein Zeltdach mit
hölzernem Dachftuhl ift als
Abfchluß zu denken. Die
mit dem Centralbau füdlich
direct verbundene Bafilika ift
vielleicht als Confignatorium
zu deuten (fiehe Art. 47, S. 94)

Nicht klar ift die Be-
ftimmung eines anderen Centralbaues, desjenigen in Mudfcheleja (Fig. 192 u. 193[78])
Vor eine Exedra mit quer
oblongem Vorraum und zwei
Seitenräumen legt fich ein
Hof mit fünffeitiger, über-
deckter Säulenhalle. Ob es
fich um die Hypäthralanlage
einer Denkmalkirche oder
um einen ehemals vielleicht
überdachten Bau (Baptifterium?) handelt, ift nach
den Berichten nicht zu entfcheiden.

Der älteften, einfachen
Form der Baptifterien, welche
der Apfis nicht bedurften,
fteht am nächften das Hexa-
gon zu Dêr-Seta (Fig. 194[79])
Die Mitte des Baues ift jetzt
unter Trümmern verborgen;
nur die Stellung der fechs
Säulen ift erkennbar. Jede
Seite der Außenmauern zeigt
zwei von einem rings um den
Bau laufenden Gefimsband
umzogene Fenfter; drei einander benachbarte Seiten
find zudem noch mit Thüren
verfehen, die auf einen ge-
pflafterten Hof mit Portikus
führen; das Dach ift zerftört.

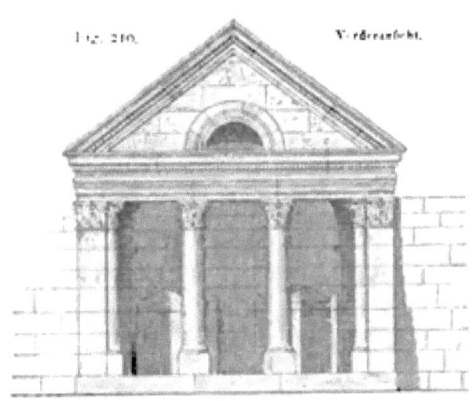

Fig. 210. Vorderanficht.

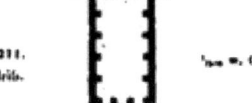

Fig. 211.
Grundrib.

Grabmal zu Chirbet-Hâß[78]

Fig. 212.

Grabmal zu Ruweha[79]

Das durch die zahlreichen Sacral- und Profanbauten in ihrer charakteristischen Erscheinung so bedeutsame Bild der central-syrischen Architektur findet seine Ergänzung in den gleichfalls zahlreichen und mannigfachen Anlagen sepulcraler Bestimmung.

64. Grab-bauten.

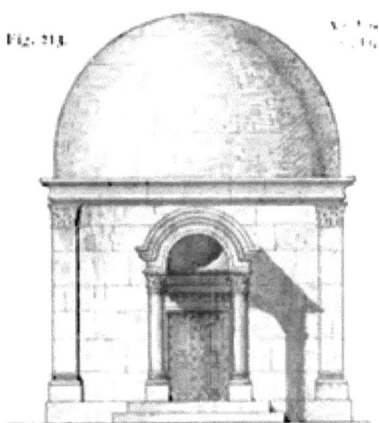

Fig. 213.

Vom einfachen, mit einem Stein gedeckten Grabe bis zum hoch ragenden Mausoleum in Thurm- oder Capellenform sind fast alle Arten unter- und oberirdischer Gräber vertreten; nur allein die Labyrinthe der Katakomben waren hier nicht beliebt. Nächst den völlig schmucklosen Einzelgräbern seien hier zuerst die zu einer gemeinsamen unterirdischen Gruft vereinigten erwähnt, deren jedes mit Vorliebe die Form eines Arcosoliums (siehe Art. 5. S. 9) erhielt; noch sehr bescheiden ist das Grab des *Eusebius* zu Kokanaja (Fig. 195 78), aus dem Jahre 369, wo ein schwerer Steindeckel, gleich denen, die auf den Sarkophagen ruhten, den engen Schacht zwischen den Gräbern schliefst. Die reichere Bildung, eine Kammer mit Thür, zu der ein sanft abfallender Gang hinabführt, stellen Fig. 196 bis 201 78) dar, wobei das Grab des *Sofandros* in Beschindelaja (Fig. 196) von 134, eines der außerschriftlichen Vorbilder dieses Typus zeigt. Eine Vorhalle mit Giebeldach auf Säulen wurde gern der Grabkammer vorgelegt.

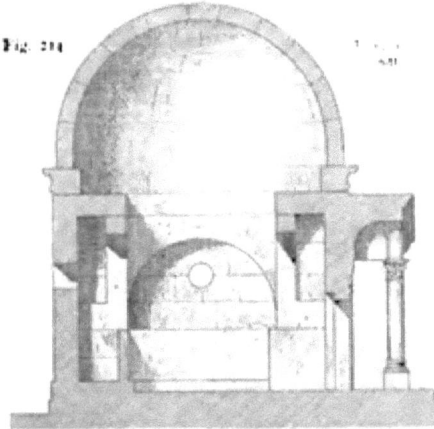

Fig. 214.

Von den Variationen des hoch ragenden Males giebt Fig. 202 78) eine Probe; es ist die Form des Teguriums, des säulengetragenen Daches, wie es beim Ciborium des Altars wiederkehrt, als dessen Prototyp wir es wohl anzusehen haben. Nach vorderasiatischer Sitte bildet die

Fig. 215.
Grundriss.

Grabmal des *Bizos* zu Ruweha 78).

Bekrönung eine Pyramide, wie sie *Maufolus* auf seinem Prachtbau in Halikarnafs errichten liefs oder wie sie an den sog. Königsgräbern bei Jerufalem wiederkehrt.

In Anlehnung an vor- und aufserchriftliche Monumente, wie fie in Syrien u. a. durch das Grabmal des *Jamlichus* zu Palmyra, von 83 nach Chr., repräfentirt werden (Fig. 203 bis 205[19]), ift z. B. das chriftliche Maufoleum des *Diogenes* zu Háfs errichtet; zugleich wird die Erinnerung an das Maufoleum zu Halikarnafs geweckt durch die um das eingezogene Obergefchofs ringsum laufende Säulenhalle, wie die bekrönende Pyramide. — Die Doppelgefchoffigkeit, auch im Abendlande bei nichtchriftlichen Maufoleen häufig, ift in Syrien gleichfalls nicht felten (Fig. 206 bis 208[19]). Der durch das folide Material und die weife vertheilten ornamentalen Zuthaten hervorgerufene ernfte und würdige Eindruck entfpricht der Beftimmung des Baues in hervorragendem Mafse.

In der Bedachung wechfelt die Pyramide mit der Kuppel und dem Giebel ab. In Chirbet-Háfs (Fig. 209 bis 211[19]) bildet das fteile Satteldach, deffen Platten auf Gurtbogen ruhen, zugleich die Decke des Baues. Der Abgefchloffenheit der oben genannten Monumente gegenüber bildet diefes Denkmal mit feiner offenen Halle, die nur wie ein Schutzdach für die fechs mächtigen Sarkophage erfcheint, ein Seitenftück zu den Tegurien und den *Cellae memoriae*, wie fie, nach vorn in einem Portikus geöffnet, auch im Abendlande Sitte waren (fiehe Art. 28, S. 55). Den Befchlufs mögen zwei Denkmäler zur Seite der Bafilika von Ruweha machen (Fig. 212 bis 215[19]), deren Grundrifs aus Fig. 142 (S. 111) erfichtlich ift.

9. Kapitel.

Byzantinifche Architektur.

a) Vorftufen.

19. Ungegliederte Rundbauten.

Wie erdrückend auch das numerifche Uebergewicht des bafilikalen Schemas im Kirchenbau fein mochte, die Freude an dem variableren, immer neue Probleme ftellenden Centralbau hat fchon die frühe chriftliche Architektur fich nicht rauben laffen. Seit *Conftantin's* Tagen fchon geht neben jener erfteren Gattung eine Reihe von Verfuchen einher, auch im Dienfte der Kirche die grofsen künftlerifchen Aufgaben des Central- und Kuppelbaues zu fördern. So weit es fich um die Löfung des Problems bei Werken geringerer Dimenfionen um die Ausführung von Baptifterien und Grab-Capellen handelte, haben wir jene Verfuche bereits mit in den Bereich unferer Betrachtung gezogen, desgleichen Bauten, die nicht in erfter Linie eigentliche Gemeindekirchen repräfentiren, fondern als Memorialbauten zur Umfchliefsung geheiligter Orte errichtet wurden, oder, wie *Santo Stefano rotondo* in Rom, vielleicht in Nachahmung folcher Denkmalkirchen entftanden find.

Ein Theil diefer fchon erwähnten Werke gehört bezüglich der Grunddispofition einer fchon in der auferkirchlichen Architektur zahlreich vertretenen Baugattung an, derjenigen der Kreisanlagen. Die erfte, einfachere Stufe diefer Gattung, im Alterthum am grofsartigften im Pantheon ausgebildet, wird in der kirchlichen Architektur des Abendlandes durch Schöpfungen wie *Santa Petronilla* und *Sant' Andrea*, ehemals neben *St. Peter* in Rom, repräfentirt; ihnen gefellt fich im Often *St. Georg* in Theffalonich (Fig. 216 u. 217[19]) zu, vielleicht nur die Adaption eines antiken Monumentes. Die koloffale, von acht rechtwinkeligen

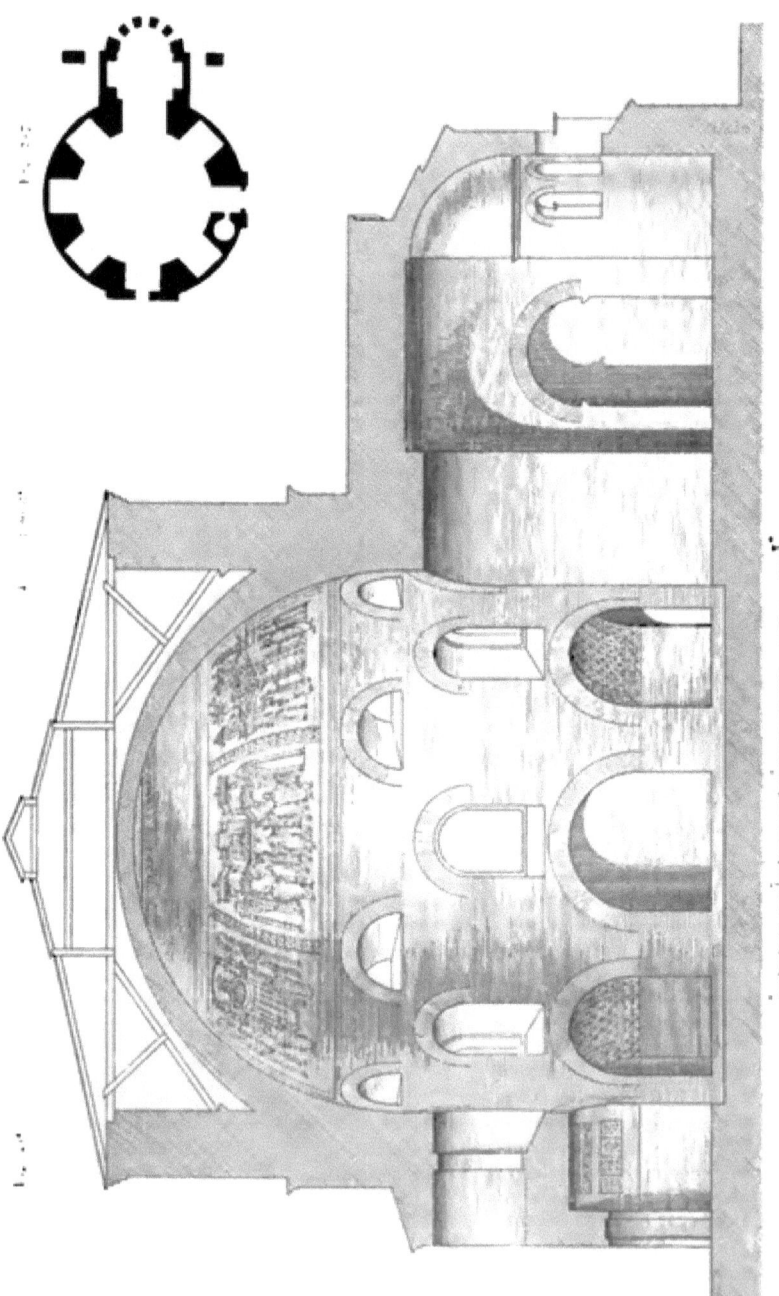

St. George-Kirche zu Theffalonich *).

Nifchen belebte, 6 " ftarke Stockmauer, auf der die Kuppel als Halbkugel mit einem Durchmeffer von 24 " ruht, ift ein durchaus antikes Motiv, dem fich das ausgebaute Presbyterium wie ein Nothbehelf anfügt. Der Mofaikenfchmuck der Kuppel weift auf das VII. oder VIII. Jahrhundert hin.

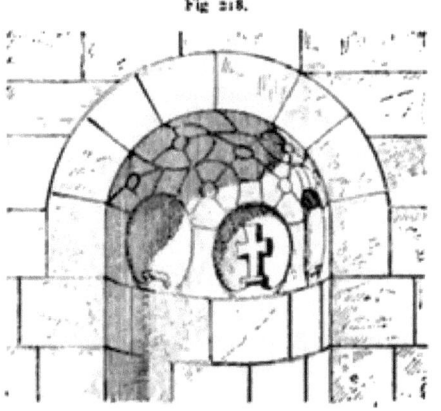

Fig. 218.

Nifchen Decoration.

Der Fortfchritt, der durch den ringförmigen Umgang rings um einen folchen, nun in dem unteren Theile der Mauer in Arcaden aufgelöften Kuppelraum geboten wurde, ift uns unter den altchriftlichen Denkmälern Roms in *Santa Coftanza* begegnet (fiehe Art. 30, S. 57). Ihr fteht im Often in diefer Hinficht die Kathedrale von <u>Bosra</u> im Haurán nahe, falls die Hypothefe *de Vogüé's* über die innere Gliederung und deren Aufbau das Richtige trifft. Fig. 219 giebt den von *Effenwein* nach *de Vogüé's* Durchfchnitt reconftruirten Plan. Die Kirche war den hh. *Sergius*, *Bacchus* und *Leontius* geweiht und laut Infchrift im Jahre 511—12 vollendet worden. Der im Aeufsern oblonge Bau ftellt im Inneren einen Kreis von reichlich 36 " Durchmeffer und oftwärts fich anfchliefsendem Presbyterium dar, das aus Apfis mit oblongem Vorraum, fo wie je zwei Nebenräumen befteht. Gegen die Ecken des Oblongums weitet fich der Hauptraum in etwa 7,6 " weiten Apfiden aus. Weitere kleinere Nifchen fchmücken überall aufsen und innen den Bau (von der auf decorative Wirkung berechneten Steinfügung derfelben giebt Fig. 220 ein Bild; zahlreiche Eingänge (je fünf

Fig. 219.

Grundrifs. — Bog w. Gr.

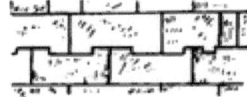

Fig. 220.

Steinverband des Mauerwerkes. Kathedrale zu Bosra[*]).

auf jeder Seite) und in der Höhenlage abgeftufte, mit den Thüren in ein Dreieck hineingezeichnete Fenfter kommen hinzu, die grofsen Mauerflächen zu beleben.

50. Gegliederte Rund-bauten.

Nur die Aufsenmauern und ein Theil des Tambours, der, die erfteren noch um ein Drittel an Höhe überragend, auf diefe und die Eingangsbogen der Eckapfiden geftützt ift, haben fich, eben fo wie das Presbyterium noch erhalten; die ganze Kuppel dagegen fammt ihren Stützen ift verfchwunden; vielleicht ftürzte fie, zu fchwach geftützt, bald nach Vollendung des Werkes zufammen; fie zu erneuern, getraute man fich nicht; einen kümmerlichen Erfatz fuchte man in einer kleinen bafilikalen Anlage, die man der Hauptapfis vorbaute, fo dafs ihr das leere Innere des Centralbaues gleichfam als Peribolos dient. Ueber die Stellung und Geftalt jener Kuppelftützen ftehen uns nur Vermuthungen zu Gebote; dem Reconftructionsverfuch *de Vogüé's* ift ein hoher Grad von Wahrfcheinlichkeit nicht abzufprechen. Manches, wie die Pfeiler mit ihren Bogen, die niedrigen Fenfter des Tambours, findet fein Analogon in der gleich zu befprechenden Centralkirche zu Esra.

Was dem Meifter von Bosra in Folge zu grofsen Wagniffes in der Conftruction, zu mangelhafter Sicherung der gewaltigen Kuppel mifslungen, das follte wenige Jahre darauf ein anderer Künftler von kaum geringerem Wagemuth in einem Werke leiften, das jetzt bald vierzehn Jahrhunderte ungefährdet überdauert hat: die den nämlichen Heiligen, *Sergius* und *Bacchus*, geweihte Kirche in Conftantinopel, die Vorgängerin der *Hagia Sophia*, in der die Reihe diefer Verfuche ihren Gipfelpunkt erreichte.

Freilich, die Grunddispofition, auf welcher diefe letztgenannten Werke erftanden, war eine andere, aber für die Löfung des Kuppelproblems noch fchwierigere: man verliefs den Kreis als Grundlage für die Dispofition der Kuppelträger; man ftellte diefe im Achteck, ja im Quadrat auf. Zu beobachten, auf welche Art vom Octogon oder Viereck der Uebergang zur Kreislinie für das Auflager der aus einer vollen oder annähernden Halbkugel gebildeten Kuppel gewonnen wurde, darin liegt ein Hauptreiz des Studiums diefer die byzantinifche Architektur einleitenden und begründenden Bauten.

Die erwähnte octogone Grundrifsbildung, bei kleinen Abmeffungen (Baptifterien) geläufig, ift früh vereinzelt auch bei grofsen Kirchen gewählt worden. Schon in *Conftantin's* Zeit erftand die leider nur aus literarifchen Notizen mangelhaft bekannte achtfeitige Kirche in Antiochia, im gleichen Jahrhundert noch die Centralanlage zu Nazianz in Kleinafien. Es ift bezeichnend, wie es von Anfang an der Often des Reiches war, der das Problem des Central- und Kuppelbaues ftets von Neuem in Angriff nahm; kleinafiatifchen Meiftern auch, aus Milet und Tralles, war es vorbehalten, die höchfte Löfung zu finden.

Zweierlei erhellt aus den Berichten über jene älteren Werke in Antiochia und Nazianz, das als eines der gleichfam conftituirenden Grundelemente bei den fpäteren Monumenten wiederkehrt: die Anordnung von Emporen um das innere Octogon und das Einfügen derfelben in Nifchen von abwechfelnd rechtwinkeliger und apfidaler Grundform.

Im Aufbau einfacher, ohne Emporen, ift die Georgs-Kirche zu Esra (Zora, weftlich vom Hauran) angelegt (Fig. 221 u. 222¹). Nach einer Infchrift am Thürfturz des Hauptportals ift fie 515 beendet; *Johannes*, der Sohn des *Diomedes*, hat fie nach einer ihm gewordenen Erfcheinung dem h. *Georg* geweiht. Den Bau defshalb in die Reihe der Denkmalkirchen zu rücken und daraus feine centrale Grundform zu erklären, liegt keine Veranlaffung vor. Der Plan ergiebt fich deutlich als von der eben befprochenen, benach-

21. Gegliederte Polygonbauten.

barten Kirche in Bosra, die drei Jahre zuvor vollendet war, beeinflußt. Wie
dort ist der Centralbau in ein Oblongum hineingestellt, indem große, rechtwinkelig ummauerte Nischen an die Diagonalseiten des Octogons gelehnt sind;
nach Osten legt sich, in Breite und Höhe des Hauptbaues, das Presbyterium vor,
Prothesis und Diakonikon neben einem queroblongen Vorraum der Apsis, die,
ausgebaut, dreiseitig aus dem Fünfeck ummantelt und durch nur ein Fenster
erleuchtet ist. Dreifach ziehen sich die amphitheatralisch ansteigenden Subsellien
an der Apsiswand entlang; der Altar hatte wohl von jeher, wie in dem noch
heute dem Cultus dienenden Bau, seinen Platz im Raum vor der Apsis.

Fig. 231.

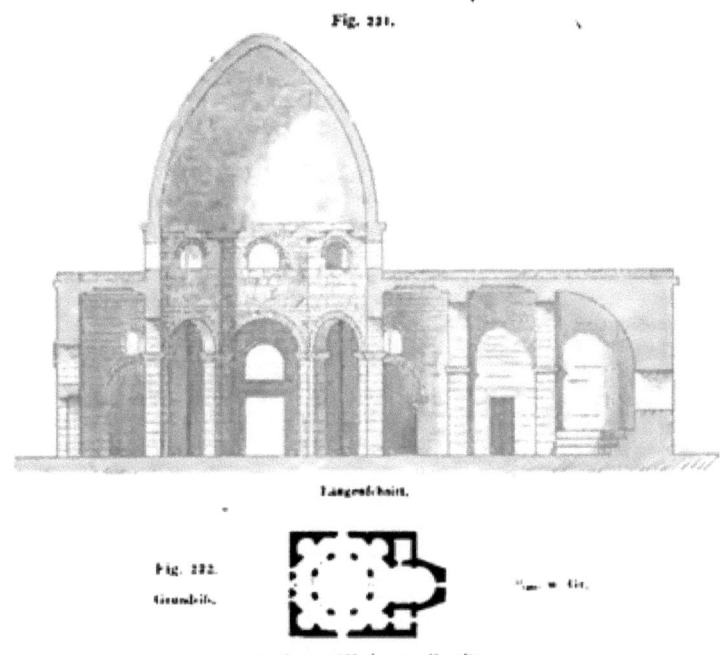

Längsschnitt.

Fig. 232.
Grundriß.

St. Georgs-Kirche zu Esra.

Der Hauptbau scheidet sich in den hoch ragenden Mittelraum und den acht-
seitigen Umgang. Acht schlichte, nur mit einfachem Kämpferprofil geschmückte
Pfeiler tragen auf Rundbogen den Tambour, in dem zwei verzahnte Schichten,
wie sie auch in Bosra vorkommen, auffallen. Durch acht niedrige, im Halbkreis
geschlossene Fenster fällt das Licht in das Innere, das zudem nur durch die
großen Lunetten in den Thüren jeder der drei Außenseiten erleuchtet wird.
Die conisch zugespitzte Kuppel ist aus Bruchmauerwerk ausgeführt; an der
Ursprünglichkeit der Umrißlinie darf man wohl einige Zweifel hegen, nicht aber
an der Form ihres Auflagers, die viele Analogien, zum Theil noch älteren
Datums, gerade in der in Frage stehenden syrischen Region besitzt. Wie an
der sog. Kalybé von Umm-es-Zetûn (265 nach Chr.) ist der Uebergang vom

141

Polygon zum Kreis dadurch gewonnen, daß über die acht Ecken des Tambours Platten vorgefchoben find, die das Achteck in ein Sechzehneck verwandeln. Hier wiederholt fich dann der gleiche Procefs, fo daß ein Polygon von 32 kleinen Seiten entfteht, deffen Umriß unfchwer die Kreisform des Kuppelanfanges trägt. Jegliche Holz-Conftruction ift vermieden; der Umgang wie die Räume des Presbyteriums find mit Platten bedeckt, welche, auf vor-

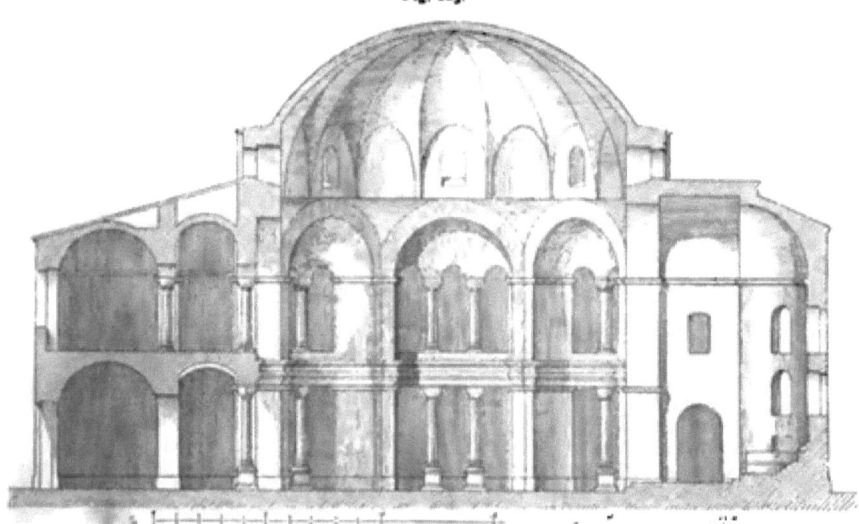

Fig. 223.

Längsfchnitt.

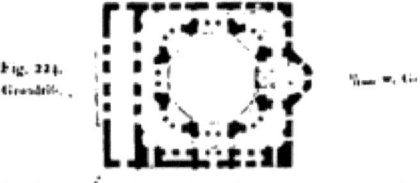

Fig. 224.
Grundriß.

Kirche *St. Sergius und Bacchus* zu Conftantinopel.

gekragten Schichten ruhend, zugleich das Dach des Baues bilden. Statifche Sicherheit war das einzige leitende Princip des Meifters; jede decorative Zuthat ift unterlaffen, bis auf ein profilirtes Gefimsband an der Façade, das als Archivolte den Bogen des Haupteinganges umrahmt, während der Thürfturz der Nebenthüren nur das Kreuz mit Weintrauben und Alpha und Omega zeigt; ähnliche Kreuze flankiren die erwähnte Portalinfchrift.

Mit der Kirche von Esra find chronologifch wie in conftructiver Beziehung direct zufammenzuftellen *St. Sergius und Bacchus* zu Conftantinopel und *San*

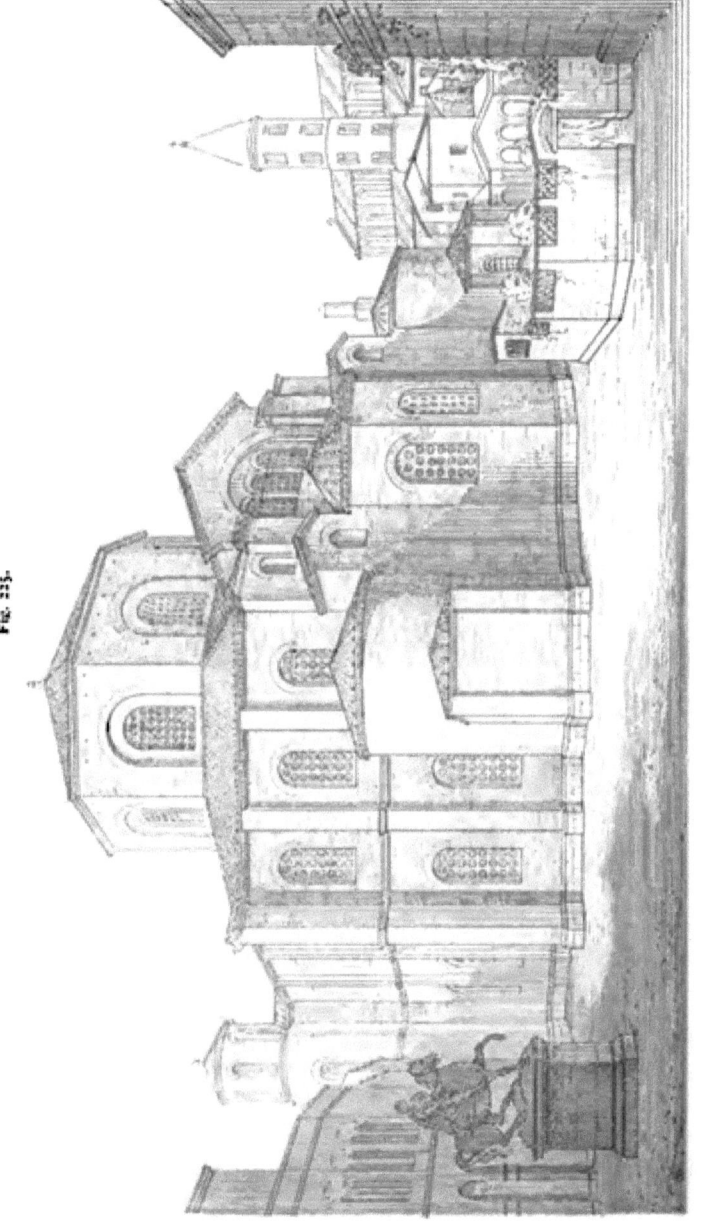

Fig. 225.

Aeußeres.

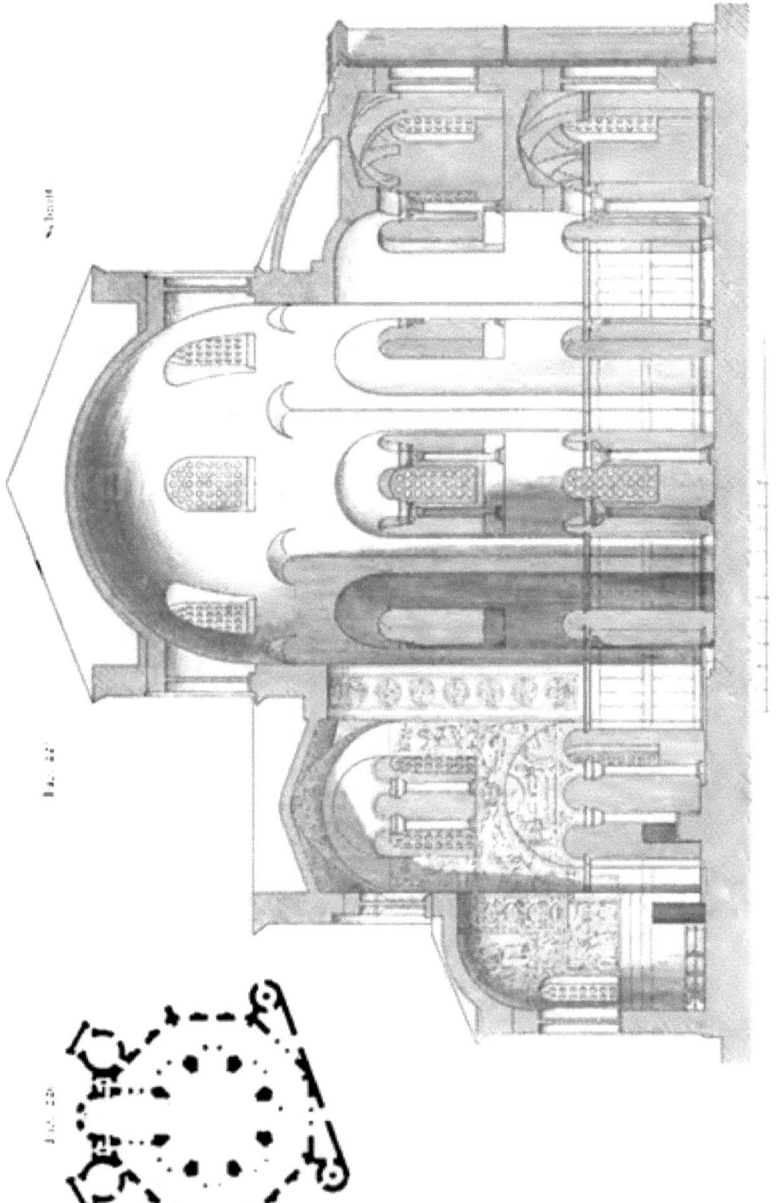

San Vitale zu Ravenna.

Vitale in Ravenna. Beide führen das Problem der Kuppelanlage über einem Polygon feiner Löfung weiter entgegen.

Der Meifter von *St. Sergius und Bacchus* (jetzt als Mofchee *Kutfchuk Aja Sophia*, die kleine Sophienkirche genannt) war mit den im Often altgewohnten Centralanlagen wohl vertraut. Das Syftem des Octogons von Antiochia und Nazianz erfcheint hier aufgenommen und war ftatifch ohne Zweifel auf eine höhere Stufe geftellt (Fig. 223 u. 224). Nach den Angaben des zeitgenöffifchen Schriftftellers *Procop* war der im Jahre 527 begonnene Bau Seite an Seite mit einer zweiten, jetzt gänzlich verfchwundenen Kirche gelegen Das Atrium war beiden gemeinfam; der Unterfchied fcheint im Wefentlichen darin beftanden zu haben, dafs die zerftörte Kirche geringere Höhe, alfo wohl keine Kuppel und fomit auch geftreckteren, nicht centralifirenden Grundrifs befeffen hat. *St. Sergius und Bacchus* fteht der Kirche zu Esra darin nahe, dafs das innere Octogon aufsen zum Quadrat, bezw. einfchliefslich des Narthex zum Oblongum geftaltet ift, indem fich an die Diagonalfeiten des Umganges Ecknifchen legen. Die Apfis des Presbyteriums fpringt auch hier dreifeitig ummauert heraus. Der achtfeitige Umgang dagegen ift hier nicht einheitlich, fondern im Grundrifs wie Aufbau reich und variirend gegliedert. In jedes Pfeilerintervall des Octogons, mit Ausnahme desjenigen vor dem Presbyterium, find zwei Säulen eingeftellt, welche ein gerades Gebälke und darüber ein zweites Säulenpaar tragen; letztere find unter fich und mit den Pfeilern durch Rundbogen verbunden als Träger der an die Pfeilerarcaden ftofsenden Schildbogen, bezw. Halbkuppeln. Denn an den Diagonalfeiten des Octogons treten die Säulenpaare im Halbkreis zurück, fo dafs in den Umgang hineingefchobene Nifchen entftehen. So wird, wie früher fchon im Octogon zu Antiochia, jener Wechfel von »Oeci und Exedren«, d. h. rechtwinkeligen Seitenräumen und Apfiden hervorgerufen, der in den übrigen Anlagen des gleichen Grundfyftems zu Gunften durchgängiger Apfidenanlage aufgegeben wird (*San Vitale* u. a). Das Gebälke über den unteren Säulen trägt noch die um den ganzen Mittelraum laufende Weiheinfchrift. In der Presbyteriums-Apfis ift die doppelgefchoffige Fenfteranlage bemerkenswerth, die fich in der *Hagia Sophia* wiederholt. Ueber dem Pfeiler-Octogon ift der Uebergang zum kreisförmigen Kuppelauflager durch acht Pendentifs (fphärifche Dreiecke) in den Ecken gewonnen. Von der fo gebotenen Möglichkeit, eine reine Halbkugel über dem Innenraum fich wölben zu laffen, hat der Baumeifter gleichwohl keinen Gebrauch gemacht; vielmehr hat er fechzehn Rippen nach der Linie des Viertelkreifes auffteigen und fich im Scheitel zufammenfchliefsen laffen, zwifchen welche er dann fechzehn, in fcharfem Grat fich treffende »geblähte« Wölbungen, fog. »Segel« mauerte. In diefe fchneiden fechzehn Schildbogen ein, von denen jeder zweite ein Fenfter enthält.

Als naher Verwandter diefes Baues ftellt fich *San Vitale* in Ravenna (Fig. 225 bis 231) dar. Die Beziehungen zu Byzanz find bekannt. *Julianus Argentarius*, der Schatzmeifter, hat die Kirche 526 (oder zwifchen 541 und 546, falls die Zeit des Bifchofs *Ecclefius* erft in diefe Jahre zu fetzen ift) beginnen laffen (547 ift fie geweiht); des *Juftinian* und der *Theodora* und ihres beiderfeitigen Gefolges Bildniffe fchmücken die Wände des Presbyteriums; die Hand byzantinifcher Marmorarbeiter hat den Meifsel geführt an den hoch eigenthüm-

---

*) Nach: Biffen, a. a. O.

lichen Kapitellen der Säulen, vor Allem aber der Grundriß und Aufbau der
Kirche weist diefer ihren Platz neben *St. Sergius und Bacchus* und den verwandten Bauten an. Anftatt des Wechfels von rechtwinkeligen und apfidalen
Nifchen am Mittelraum befitzt *San Vitale* lediglich doppelgefchoffige Exedren, die nur vor der Presbyteriums-Apfis durch ein Quadrat unterbrochen
werden, welches, gegen das Octogon voll geöffnet, nach den Seiten hin von je
zwei Säulen getragene Schildmauern mit dreitheiliger Säulen-Arcatur zeigt. Bei
fämmtlichen Säulen ift das Gebälte durch den Bogen erfetzt, der zunächft von
einem Kämpfer aufgenommen wird.

Fig. 228.

Fig. 229.

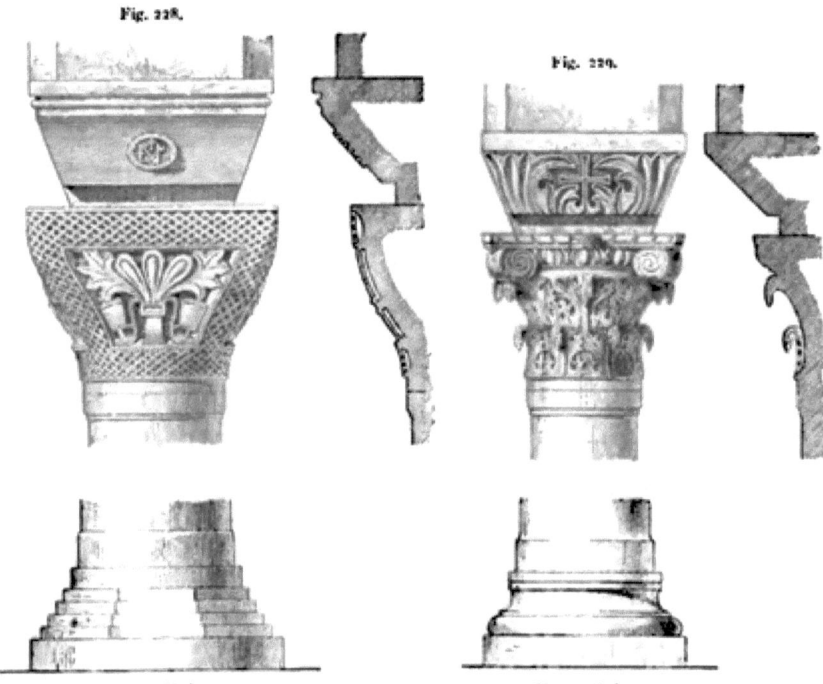

Untere Säulen

Obere Säulen

in *San Vitale* zu Ravenna.

Die Ueberführung des Achteckes in den Kreis unter der Kuppel ift hier
durch kleine, in die Ecken gelegte Nifchengewölbe bewerkftelligt (jetzt verputzt
und bemalt). In die als Halbkugel gebildete Kuppel fchneiden acht im Halbkreis
gefchloffene Fenfter ein; als Material für die Kuppel find wieder die in Ravenna
beliebten, fpiralförmig gelagerten hohlen Thongefäfse verwendet, wie fie u. a.
fchon die Taufkirche beim Dome zeigt. Im Gegenfatz zu den fpäteren byzantinifchen Bauten tritt die Kuppel äufserlich nicht direct zu Tage, fondern ift, wie
beim Baptifterium, im unteren Theile polygon ummantelt und dann mit einem
Zeltdach abgefchloffen. Nicht blofs durch das Hervorragen des Mittelbaues über

den zweigefchoffigen Umgang, der durch Pfeilervorlagen verftärkt ift, fondern auch durch die Gruppirung des Presbyteriums erfcheint die Silhouette des Ganzen fehr reich; die Nebenräume der Apfis find als kreisrunde Bauten mit rechtwinkeligen Vorlagen gebildet; ebenfalls kreisrund find die Treppenthürme der Weftfeite, deren Stellung fchräg zur Hauptaxe wohl durch den Straßenzug

Fig. 230.

'Gewölbe-Mofaik im Presbyterium von *San Vitale* zu Ravenna*'),

bedingt war. Im Inneren des Baues hat fich von der einft allgemeinen, farben-reichen Decoration noch der gefammte Schmuck des Presbyteriums als ein Juwel einheitlicher mufivifcher Ausftattung erhalten. Der Inhalt der übrigen Decoration, namentlich der Kuppel, ift unbekannt; vielleicht hat fie, wie *Procop* dies von den oben erwähnten Kirchen Conftantinopels erzählt, nur in Goldglanz

*) Nach: Gaıllıccı, a. a. O.

ohne Figurenſchmuck beſtanden; die verticalen Flächen der Wände und Pfeiler waren mit bunten Steinen incruſtirt. Das Paviment hat ſich ſpäter erhöht, ſo daſs die Säulenbaſen jetzt verdeckt ſind.

Ueberraſchend ſind für das Abendland die neue Form und die Sculpirung der unteren Säulenkapitelle. Die in Byzanz entſtandene Würfelform mit leicht convexen, unten abgeſchrägten Seiten, wie ſie der Kämpfer ſonſt zeigt, iſt jetzt auch auf das Säulenhaupt übergegangen; mit der antiken Tradition iſt hier bewuſst und grundſätzlich gebrochen. Das mittlere, mit einer Blüthe geſchmückte

Fig. 231.

Apſis-Moſaik in *San Vitale* zu Ravenna[81].

Feld iſt von einem Rahmen geradlinig umzogen, welcher von einem filigranartig gearbeiteten Flechtwerk durchzogen iſt. Die ſcharfe Unterſchneidung, das faſt völlige Loslöſen von der Fläche iſt hier charakteriſtiſch. Dieſe ſcharfe, trockene Behandlung zeigen auch die Compoſitkapitelle der oberen Säulen mit ihren relieſirten Kämpfern.

Ein wegen ſeiner in der conſtructiven Anlage ſichtbaren Beziehungen zu *San Vitale* intereſſanter Bau mag hier wenigſtens im Bilde erwähnt werden: *Carl des Großen* Palaſt-Capelle zu Aachen (Fig. 232 u. 233. Das innere Achteck iſt von einem Sechzehneck umſchloſſen, dem ſich im Weſten eine von zwei Treppenthürmen flankirte, mit flacher Niſche abſchließende Vorhalle mit Empore

Palaſt-Capelle zu Aachen.

10*

Palast-Capelle zu Aachen.

Fig. 234.

Fig. 235.

Bronze-
im Münster

Gitter
zu Aachen[35].

Fig. 236.

anfchliefst, während öftlich vielleicht ein Chorraum anzunehmen ift, den fpäter der jetzige gothifche Bau verdrängte. Kräftige Pfeiler ftehen an den Ecken des hoch aufragenden Octogons; über den Halbkreisbogen des Untergefchoffes erheben fich die hohen Bogen der Emporen, gegen die fich fteigende Tonnen lehnen. Die doppelten Säulenftellungen in den Bogen haben keinen conftructiven, fondern nur decorativen Zweck. Rundbogige Fenfter über den Bogenöffnungen führen dem Mittelraum directes Licht zu. Eine achttheilige Kuppel überfpannt ihn, wie bei *San Vitale* mit einem Zeltdach bedeckt. Pilafterartige Vorlagen an den Ecken helfen, dem Schub der Kuppel zu begegnen. Auf den Emporen find noch die alten Bronzegitter erhalten (Fig. 234 bis 236[**]). Alles Nähere wird in der Darftellung der eigentlich mittelalterlichen Architektur erläutert werden.

√

b) Sophien-Kirche.

»Ich habe dich übertroffen, o Salomo!« Mit diefen Worten ftolzer Freude begrüfste *Juftinian* die Vollendung des Werkes, das berufen war, für die altchriftliche Architektur den Höhepunkt in der Entwickelung des Central- und Kuppelbaues darzuftellen. Dem Erbauer des Tempels von Jerufalem mochte der Kaifer fich vergleichen, als ihn der blendende Glanz überwältigte, der von diefer Kuppel niederftrahlte, die in einer bis dahin unerhörten Weite und Höhe, nur von vier Pfeilern und Bogen getragen, über dem Raume zu fchweben fcheint.

Ein Blick auf den Grundrifs und Längenfchnitt der Kirche zeigt, wie Central- und Longitudinalbau fich in diefem Monument in feltfamer Weife vereinen (fiehe die neben ftehende Tafel und Fig. 237[**]). Die äufseren Mauern umfchliefsen einen faft quadraten Raum, in welchem wieder ein mittleres Quadrat markirt und im Aufbau durch die Alles beherrfchende Kuppel diefe Mitte als locales Centrum deutlich betont ift. Gleichwohl gruppirt fich das Uebrige keinesweges gleichmäßig fich unterordnend um diefe Mitte. Seitwärts zwar erfcheint diefelbe durch Seitenräume, deren Emporen fich auf Arcaden ftützen, gleich wie die darüber aufragenden Schildwände, abgegrenzt; nach Often und Weften aber erweitert fich der Raum ungehindert zu mächtigen Apfiden, die ihrerfeits durch je drei Nifchen noch eine abermalige Erweiterung erfahren. So erfcheint die parallele Längengliederung der Bafilika verbunden mit der in einem einzigen Culminationspunkt gipfelnden Höhenentwickelung des Centralbaues. Aber diefe ingeniöfe Verquickung ift nicht das einzige Ueberrafchende der Anlage. Zugleich ift hier zum erften Male der Verfuch gemacht (und in Dimenfionen durchgeführt, die nach Unterbrechung von einem Jahrtaufend erft übertroffen wurden), einen quadraten Raum mittels vier Pendentifs mit einer fphärifchen Kuppel über dem eingefchriebenen Kreife zu überwölben. Vier Halbkreisbogen find über die mit einem Abstand von 30 [m] errichteten Pfeiler gefchlagen; mit den zwifchen diefelben gefpannten fphärifchen Dreiecken nehmen fie unmittelbar das Kreislager der Kuppel auf. Den Seitenfchub der letzteren fangen gegen Often und Weften die an die Bogen gelehnten grofsen Exedren-Nifchen auf; nach den anderen Seiten begegnen ihm die koloffalen Verftärkungen der Pfeiler felbft, die, zwar von breiten Bogendurchgängen durchbrochen, doch im Grunde eine einzige fefte Maffe bilden. Am Aeufseren des Baues tritt ihre Mächtigkeit deutlich zu Tage.

[*] Nach: Aus'm Werth, F. Kunfdenkmäler des chriftlichen Mittelalters in den Rheinlanden. Bd. I. Leipzig 1857.
[**] Nach: Salzenberg, a. a. O.

Sophien-Kirche

Acc.

etes.

nüchterner Art das conftructive Gerippe, die Pfeiler und Bogen, zeigen. Durch die erfteren, die Kuppelträger, find, wie bei der *Sophia*, breite Durchgänge gelegt, als Vermittler zwifchen den Seitenfchiffen.

Im Aufbau fallen die Emporen alsbald mehr und mehr fort oder werden auf eine einzige über dem inneren Narthex befchränkt. Vollends verfchwinden fie, feit dasjenige Syftem fich einzubürgern beginnt, das wir kurz als das der vierfäuligen Anlage bezeichnen wollen. Vier Säulen, bei den durchfchnittlich befcheidenen Dimenfionen ein genügender Erfatz für die plumpen Pfeiler, bezeichnen die Ecken des mittleren Quadrats; fchlank fteigen von ihnen die oft überhöhten Rundbogen auf, um in Verbindung mit den Pendentifs die Kuppel zu tragen. Die Höhe des Inneren wird dabei noch bedeutfam durch den fenftergefchmückten Mauercylinder, den Tambour gefteigert, der jetzt die Kuppel als reine Halbkugel hoch und frei emporhebt.

Gleichmäfsig in Höhe und Weite, ohne Säuleneinftellung, Emporen und Schildmauern fchliefsen fich vier Kreuzflügel diefem mittleren Quadrate an. Sie find von Tonnengewölben überdeckt, während die vier in den Winkeln zwifchen

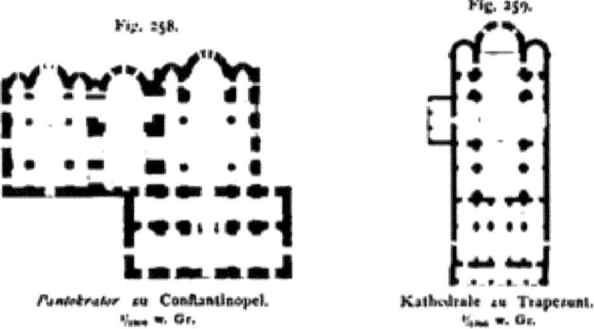

Fig. 258.

Fig. 259.

Pantokrator zu Conftantinopel.
¼₀₀ w. Gr.

Kathedrale zu Trapezunt.
¼₀₀ w. Gr.

je zwei Kreuzarmen gelegenen kleinen quadraten Räume gern wieder eine Kuppel als Abfchlufs erhalten.

Eine Reihe folcher kleiner Kuppeln überdeckt auch wohl den Narthex, eine Anordnung, welche das glänzendfte Beifpiel abendländifcher Nachbildung der byzantinifchen Architektur, *San Marco* in Venedig (Fig. 251) gleichfalls imitirt hat.

Die Kirche des *Bardias* zu Theffalonich (Fig. 252 u. 253[**]), die *Theotokos* zu Conftantinopel (Fig. 254 bis 257[**]), der *Pantokrator* ebenda (Fig. 258), ferner in Theffalonich noch die Apoftelkirche (Fig. 260 u. 261[**]), die Sophien-Kirche in Trapezunt (Fig. 262 bis 264[**]) und die Kathedrale dafelbft (Fig. 259), die *Panagia Gorgopiko* (die alte Kathedrale) in Athen (Fig. 265 u. 266) und andere Kirchen dafelbft (Fig. 267 bis 269[**]) mögen als Beifpiele hier angeführt fein, denen fich als Abkömmlinge im Abendlande z. B. die *Martorana* in Palermo (Fig. 272[**]), die *Cattolica* in Stilo und andere anfchliefsen. Vereinfacht, triapfidal zeigt fich der Hauptraum in der Elias-Kirche in Theffalonich (Fig. 270 u. 271[**]), ohne feitliche Räume in Studenica in Serbien (fiehe die neben ftehende Tafel); andere Variationen bieten Ravanica (Fig. 273), Krufevac (Fig. 274) oder Semendria (Fig. 275).

[**] Nach: GAILHABAUD, a. a. O.

Handbuch der Architektur. II. 3, a. (2. Aufl.)   11

Fig. 260.

Apoſtelkirche zu Theſſalonich.

Fig. 261.

Fig. 262.

Fig. 263.
Grundriſs.

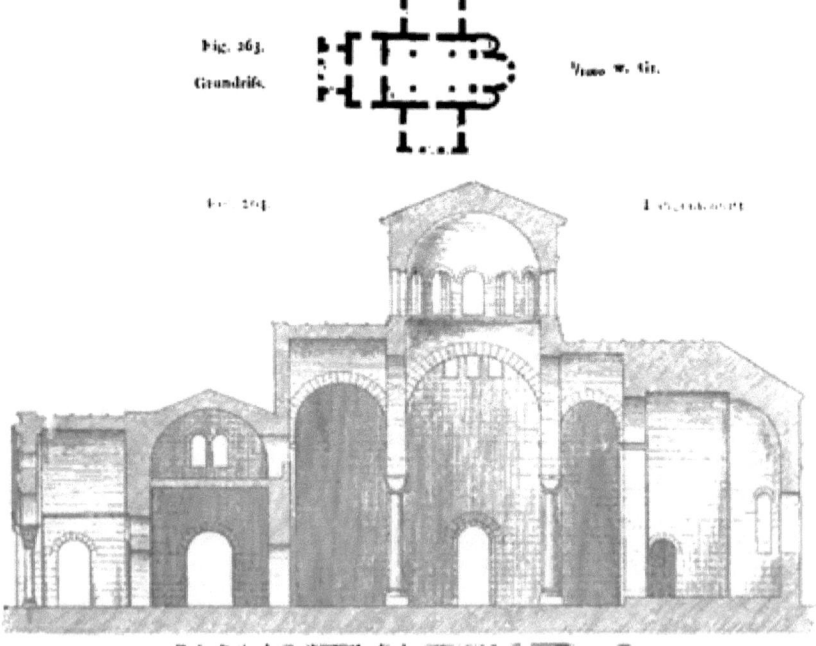

Sophien-Kirche zu Trapezunt.

Fig. 265.

Aeußeres[*].

Fig. 266.　　　　　　　　　　　　Schnitt.

Panagia Gorgopiko zu Athen.

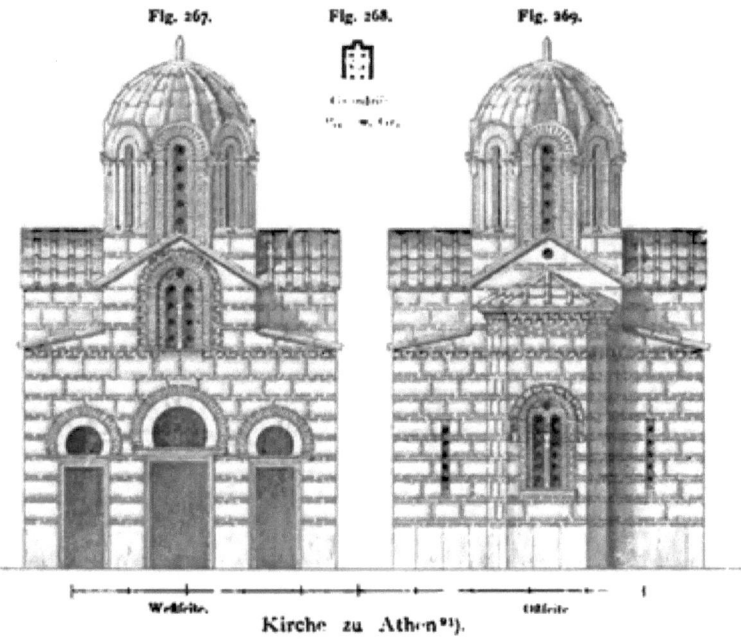

Fig. 267.   Fig. 268.   Fig. 269.

Grundriss
Fig. zu Fig. 267.

Westseite.   Kirche zu Athen*).   Ostseite

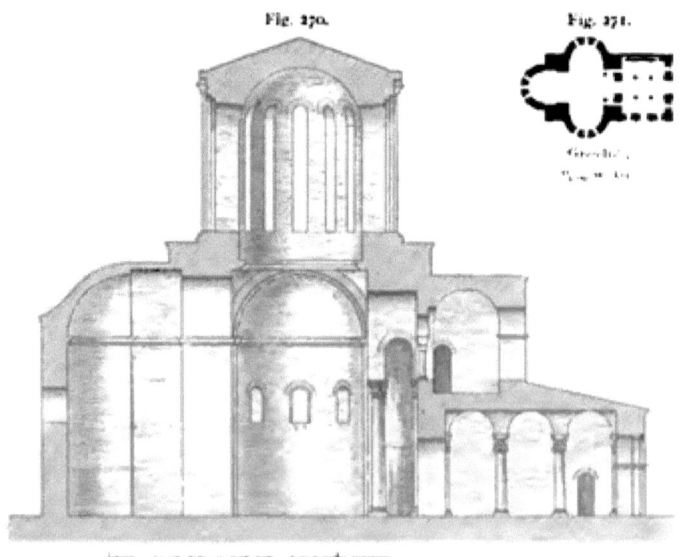

Fig. 270.   Fig. 271.

Grundriss
Fig. zu Fig. 270.

Längendurchschnitt.

Elias-Kirche zu Theffalonich**).

In der Erfcheinung des Aeußeren fällt zunächft das bedeutfamere Hervortreten der Kuppel auf. Durch den oft fehr hohen, im Aeußeren polygon ge-

Fig. 272.

Inneres der *Martorana* zu Palermo[1].

bildeten Tambour wird fie, den übrigen Bau beherrfchend, emporgehoben. Ihr
Fußpunkt wird nicht durch eine rings umlaufende, ununterbrochene Horizontale
bezeichnet; vielmehr fchneiden in ihre untere Fläche die Rundbogen

Fig. 273.

ein, welche von den fchlanken, oft lifenenartigen Säulchen an den
Ecken des Tambours auffteigen und, bisweilen mit kräftiger Profilirung, die einzelnen Polygonfeiten oben umrahmen.
Die auf die letzteren vertheilten Fenfter fchrumpfen im
Laufe der Zeit zu langen, fchmalen Schlitzen zufammen,
die mit durchbrochener Tranfenna ausgefetzt find. Die
die Kuppel deckenden Ziegel laffen deren Halbkugelform
deutlich erkennen; hin und wieder wird ein Zeltdach über
der Kuppel conftruirt. — Während bei der Sophien-

Fig. 274.

Kirche
zu Ravenna.
Grab w. Gr.

Kirche auch alle anderen Theile die Contouren der
oberen Raumabfchlüffe, feien es Halbkuppeln, Tonnen

Kirche
zu
Kadévac.
Grab w. Gr.

oder andere Formen, nackt hervortreten ließen, pflegte man fpäter Sattel- oder
Pultdächer darüber zu errichten; die erfteren finden wir über den Kreuzflügeln,

die letzteren, an diefe angelehnt, über den Eckräumen. Die Mauern werden im
Aeußeren gern buntfarbig, namentlich in rothen und gelblichen Schichten gehalten; der alten *Metropolis* in Athen (Fig. 265 **) hat man auch eine Reihe theils
antiker, theils byzantinifcher Reliefs als Schmuck des Aeußeren eingemauert.

Als Beifpiel fpäterer bizarrer Entartung und Beeinfluffung durch fremde
Elemente fei zum Schluß die im XVI. Jahrhundert zu Kurtea d'Argyifch (in
Rumänien) errichtete Kirche (Fig. 276 bis 278**) angeführt.

Fig. 275.

Marien-Kirche zu Semendria.

Im Inneren verfchwindet das koftbare Mofaik, mit dem die Juftinianifche
Zeit verfchwenderifch umging, mehr und mehr, um Putz und reicher Bemalung
Platz zu machen, welche inhaltlich und formal allmählich zu einem in fefte
Regeln gezwängten Canon erftarrte, nach welchem bis auf den heutigen Tag
in der griechifchen Kirche gearbeitet wird, wie der Vergleich der modernen,
faft handwerklichen Leiftungen der Mönchskünftler mit den Vorfchriften, wie fie
z. B. in dem Malerbuch vom Berge Athos gegeben find, erweist.

**) Nach: Romanendre, L, Die bifchöfliche Kloßerkirche zu Kurtea d'Argyifch. Jahrbuch der k. k. Central-
commiffion für Baudenkmale. Bd. V (1861), S. 175

Fig. 276.

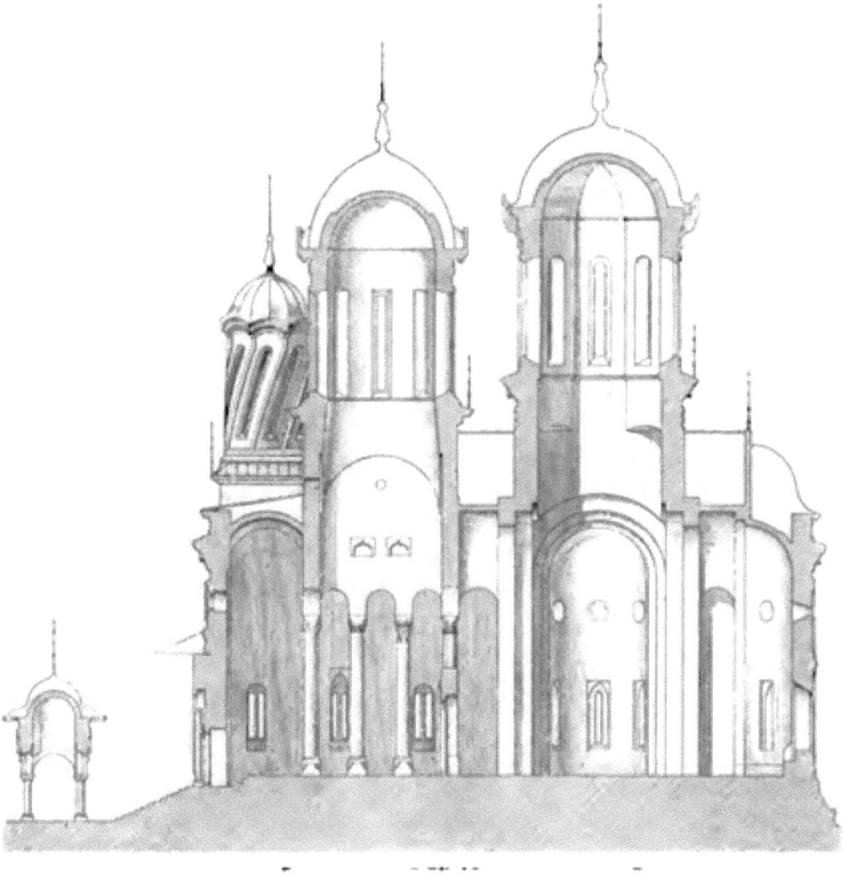

Längenschnitt.

Fig. 277

Grundriß

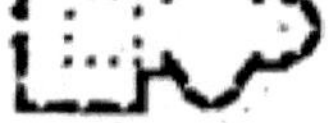

1/1000 w. Gr.

Kirche zu Kurtea d'Argyisch[92]).

Es würde, abgefehen von der oben erwähnten Lückenhaftigkeit des
Materials, über den Rahmen des in diefem Halbbande zu behandelnden Themas
weit hinausgehen, wollten wir die byzantinifche Architektur über die Grenze
der altchriftlichen Periode hinaus in das Mittelalter und die Neuzeit hinein verfolgen. Nur das Eine haben die zuletzt gegebenen, kurzen fyftematifchen Skizzen
andeuten wollen, dafs mit der genialen Schöpfung der *Hagia Sophia* wohl der
Höhepunkt der byzantinifchen Architektur erreicht, nicht aber jede fernere Ent-

Fig. 228.

Kirche zu Kurtea d'Argyifch.

wickelung abgefchnitten wurde. Freilich hat diefe die Freiheit nie gefunden,
welche der Entfaltung des abendländifchen Centralbaues in der Renaiffance-Zeit
innewohnte; die völlige Sonderung der Culturen in den Gebieten der griechifchen
und römifchen Kirche hat die erftere gegen das reich pulfirende Kunftleben des
abendländifchen Mittelalters hermetifch abgefchloffen, und die ihr im Often neu
gewonnenen Völkerfchaften der Serben, Bulgaren, Armenier, Ruffen und der
Anderen mehr traten überwiegend empfangend, felten gebend auf.

Literatur-Nachweife.

1) Allgemeine Darstellung.

a) Systematisch.

HOLTZINGER, H. Die altchristliche Architektur in systematischer Darstellung. Form, Einrichtung und Ausschmückung der altchristlichen Kirchen, Baptisterien und Sepulcralbauten. Stuttgart 1889.

b) Sammelaufnahmen der hervorragendsten Monumente.

CIAMPINI, J. *Vetera monimenta.* Rom 1690—99.
CIAMPINI, J. *Synopsis historica de sacris aedificiis a Constantino Magno constructis.* Rom 1693.
CANINA, L. *Ricerche sull' architettura più propria dei tempii cristiani etc.* Rom 1843.
HÜBSCH, H. Die altchristlichen Kirchen etc. Karlsruhe 1858—63.

c) Altchristliche Architektur des Abendlandes.

DEHIO, G. & G. v. BEZOLD, Die kirchliche Baukunst des Abendlandes. I. Stuttgart 1884.
MOTHES, O. Die Baukunst des Mittelalters in Italien etc. Jena 1882—84.
SCHULTZE, V. Die Katakomben. Die altchristlichen Grabstätten. Leipzig 1882.
KRAUS, F. X. *Roma sotterranea.* Die römischen Katakomben. Freiburg 1872—73. — 2. Aufl. 1879.
ARMELLINI, M. *Le catacombe di Roma e d'Italia.* Rom 1893.
CATTANEO, R. *L'architettura in Italia dal secolo VI al mille circa.* Venedig 1888.
DARTEIN, M. F. DE. *Étude sur l'architecture lombarde etc.* Paris 1865—66.

d) Altchristliche Architektur des Orients.

ISABELLE, CH. E. *Les édifices circulaires et les dômes.* Paris 1853—55.
TEXIER, CH. & R. P. PULLAN. *Byzantine architecture.* London 1843—64.
CHOISY, A. *L'art de bâtir chez les Byzantins.* Paris 1883.
RAHN, J. R. Ueber den Ursprung und die Entwickelung des christlichen Central- und Kuppelbaues. Leipzig 1866.
UNGER. Quellen zur byzantinischen Kunstgeschichte. Wien 1874 u 1898.
BAYET. *L'art byzantin.* Paris 1885.
LENOIR, A. *Instruction sur l'architecture monastique au moyen-âge.* Paris 1852—56.
COUCHAUD, A. *Choix d'églises byzantines en Grèce.* Paris 1841—42.
BLOUET, A. *Expédition scientifique de Morée.* Paris 1831.
VOGÜÉ, M. DE. *La Syrie centrale.* Architecture civile et religieuse. Paris 1865.
TEXIER, CH. F. M. *Description de l'Arménie, de la Perse et de la Mésopotamie.* Paris 1840—52.

e) Nord-Afrika.

DESCRIPTION DE L'ALGÉRIE. Paris 1854 ff.
VIGNERAL, CH. DE. *Ruines romaines de l'Algérie.* Paris 1868.
DUPUCH. *L'Algérie chrétienne.*
GSELL. *Recherches archéologiques en Algérie.* Paris 1893.
DIEHL, CH. *L'Afrique byzantine.* Paris 1897.
DESCRIPTION DE L'EGYPTE. Paris 1832.
BUTLER, A. J. *The ancient coptic churches of Egypt.* Oxford 1885.

2) Literatur zur Frage nach dem Ursprung der Kirchengebäude.

SARNELLI, P. *Antica basilicografia.* Neapel 1686.
ZESTERMANN, A. CH. A. Die antiken und die christlichen Basiliken. Leipzig 1847.
ULRICHS, C. L. Die Apsis der alten Basiliken. Greifswald 1847.
V. QUAST, A. F. Ueber Form, Einrichtung und Ausschmückung der ältesten christlichen Kirchen. Berlin 1853.
MESSMER, J. A. Ueber den Ursprung, die Entwickelung und Bedeutung der Basilika in der christlichen Baukunst. Leipzig 1854.
WEINGÄRTNER, W. Ursprung und Entwickelung des christlichen Kirchengebäudes. Leipzig 1858.

MASSMER, J. A. Ueber den Ursprung der chriftlichen Bafilika. Zeitfchr. für chrifl. Archäologie, II (1859).

MOTHES, O. Die Bafilikenform bei den Chriften der erften Jahrhunderte. Leipzig 1865.

REBER, F. Ueber die Urform der römifchen Bafilika. Mitth. d. Centralcommiffion 1869, II.

STOCKBAUER, J. Der chriftliche Kirchenbau in den erften fechs Jahrhunderten. Regensburg 1874.

RICHTER, J. P. Der Ursprung der abendländifchen Kirchengebäude. Wien 1878.

HOLTZINGER, H. Die römifche Privatbafilika. Repertorium für Kunftwiffenfchaft, V (1882).

SCHULTZE, V. Der Urfprung des chriftlichen Kirchengebäudes. Chriftl. Kunftbl. 1882.

DEHIO, G. Die Genefis der chriftlichen Bafilika. Sitzungsberichte der hiftor. Klaffe der k. bayr. Akademie der Wiff. 1882.

LANGE, K. Haus und Halle. Leipzig 1885.

HOLTZINGER, H. Kunfthiftorifche Studien I. Die Entftehung des abendländifchen Kirchengebäudes. Tübingen 1886.

3) Monographien über wichtigere Monumente.

a) Rom.

BUNSEN, GUTTENSOHN & KNAPP. Die Bafiliken des chriftlichen Roms. Stuttgart 1822.

DE ROSSI, G. B. *I mofaici delle chiefe di Roma.* Rom 1878 ff.

BOSIO, A. *Roma fotterranea.* Rom 1632.

ARINGHI, P. *Roma fubterranea.* Rom 1651.

MARCHI. *Monumenti primitivi delle arti criftiane etc. I. L'architettura della Roma fotterranea criftiana.* Rom 1844.

DE ROSSI, G. B. *Roma fotterranea criftiana. I—III.* Rom 1864—77.

ROLLER, TH. *Les catacombes de Rome.* Paris 1881.

ARMELLINI, M. *Le chiefe di Roma.* Rom 1887.

HOLTZINGER, H. Altchriftliche Bafiliken in Rom und Ravenna. Berlin, 1898 (»Die Baukunft», Heft 4).

b) Ravenna.

V. QUAST, A. F. Die altchriftlichen Bauwerke von Ravenna etc. Berlin 1842.

RAHN, R. Ravenna. Eine kunfthiftorifche Studie. Leipzig 1869.

RICCI, C. *Ravenna e i fuoi dintorni.* Ravenna 1878.

HOLTZINGER, H. Altchriftliche Bafiliken in Rom und Ravenna. Berlin 1898 (»Die Baukunft», Heft 4).

c) Mailand.

KOTHE, S. Lorenzo in Mailand. Berlin 1895.

ROTTA, P. *Sulle fette antiche bafiliche ftazionali di Milano.* Mailand 1882.

d) Nola.

HOLTZINGER, H. Die Bafilika des Paulinus in Nola. Zeitfchr. f. bild. Kunft 1887.

e) Parenzo.

LOHDE. Der Dom zu Parenzo. Berlin 1859. (Aus: Zeitfchr. f. Bauwefen, Bd. 9).

AMOROSO, A. *Le bafiliche criftiane di Parenzo.* Parenzo 1891.

f) Trier.

V. WILMOWSKY, J. N. Der Dom zu Trier etc. Trier 1874.

g) Tours.

QUICHÉRAT. *Reftitution de St. Martin de Tours.* Paris 1870.

LASTEYRIE. *St. Martin de Tours.* Paris 1890.

DEHIO. Die Bafilika des h. Martin in Tours. Jahrb. d. Preuß. Kunftfammlungen, X.

CHEVALIER. *Le tombeau de St. Martin à Tours.* Tours 1880.

h) Conftantinopel.

SALZENBERG, W. Altchriftliche Baudenkmale Conftantinopels vom V. bis XII. Jahrhundert. Berlin 1854.

PULGHER, D. *Les anciennes églifes byzantines de Conftantinople.* Wien 1878.

HOLTZINGER, H. Die Sophienkirche in Conftantinopel und verwandte Bauten des byzantinifchen Architektur. Berlin 1898 (»Die Baukunft», Heft 8).

Orts-Regifter.

Aachen.
Münfter 147.

Agemmun-Ubekar.
Kirche 110.

Aizani.
Tempel 17.

Alexandria.
Katakomben 16.

Ancyra.
Clemenskirche 138.

Antiochia.
Kirche 139.

Aquileja.
Kirche 89.

Athen.
Panagia Gorgopiko 161, 163.
Parthenon 107.

Baalbek.
Tempel 17.

Babuda.
Bafilika 112, 110, 113.

Bakufa.
Bafilika 117, 113.

Beauvais.
Buffe ouvre 98.

Behio.
Bafilika 113.

Befchindelaja.
Grab 139.

Bethlehem.
Geburtskirche 104.

Betufa.
Bafilika 113.

Bosra.
Kirche 132.

Carthago.
Domus el-Karita 103.

Cafaba.
Kirche 110.

Chirbet-bu-Adufen.
Bafilika 110.

Chirbet-Hâfs.
Bafilika 113.
Grab 136.

Cöln.
Römerthurm 98.

Conftantinopel.
Apoftelkirche 153.
Johanniskirche 104 f.
Irenenkirche 108.
Nergus u. Bacchus 139, 145 ff.
Sophienkirche 150 ff.
Pantokrator 161.
Theotikos 161.

Cravant.
Kirche 98.

Dana.
Grab 120.

Dér-Sambil.
Grab 128.

Dér-Seta.
Bafilika 113.
Baptifterium 134.

Didré.
Kirche 98.

El-Hara.
Bafilika 113, 114.
Grab 128.

Erbe-Eh.
Grab 128.

Efedi.
Säulen 117, 114.

Erment.
Bafilika 111.

Esra.
Georgskirche 133 ff.

Fanum.
Bafilika 13.

Fernana.
Bafilika 110.

Gaza.
Serginskirche 104.

S. Germano.
S. Maria 88.

Girgenti (Agrigent)
Concordia-Tempel 108.
S. Maria dei Greci 108.

Grado.
Kirchen 89, 94, 153.

Hâfs.
Bafilika 113.
Grab 136.
Grabthor 128, 133.

Henfchirim.
Oratorium 87.

Ibrihim.
Bafilika 103, 109.

Jerufalem.
Grabeskirche 103.
Marienkirche 104.

Kalat-Sim'an.
Bafilika 117, 119, 183, 125, 129 ff.
Baptifterium 133 f.

Kalb-Lufeh.
Bafilika 117, 119, 123, 125.

Kanawat.
Bafilika 112.

Kokanaja.
Bafilika 119.
Grab 135.

Krufevac.
Kirche 161.

Kurtea d'Argyifch.
Kirche 167.

Lorfch.
Vorhalle 101.

Mailand.
S. Lorenzo 88 f.
S. Nazaro 88.

Manaftirine.
Gräber 13, 110.

Melos.
Katakomben 16.

Metz.
Stephanskirche 87.

Mufchcheleja.
Bafilika 117.
Baptifterium 131.
Grab 129.

Myra.
Nikolauskirche 138.

Nazianz.
Kirche 130.

Neapel.
Bafilika Severiana 86.
S. Giovanni Maggiore 87.
S. Reftituta 86.
Katakombe 16.

Nocera.
S. Maria Maggiore 94 ff.

Nola.
Bafilika 86 f., 110.

Olympia.
Kirche 94, 107 f.

Oulcan-ville.
Bafilika 109, 110.

Palermo.
Martorana 161.

Palmyra.
Grab des Jamlichus 17.

Parenzo.
Dom 89 ff.

Périgueaux.
St. Front 98.

Poitiers.
St.-Jean-Baptifte 98.

Pompeji.
Apollo-Tempel 17.
Bafilika 11, 13.

Porto Gruaro.
Gräber 17.

Prata.
Kirche 89.

Ravanica.
Kirche 161.

Ravenna.
Sant' Apollinare in Claffe 11, 66, 73 ff.
Sant' Apollinare nuovo 68 ff.
Baforum Dragodonis 81.
Bafilica Urfiana 66 f., 76.
Dom 66 f., 76.
Ecclefia Petriana 66.
San Francesco 76.
San Giovanni in fonte 78 ff.
Hercules-Bafilika 75.
Santa Maria in Cosmedin 81.
Maufoleum der Galla Placidia 60, 81.
Maufoleum des Theodorich 66.
Palaft des Theodorich 71 f., 81 f., 90.
San Vitale 50, 66, 144 ff.

Rom.
Sant' Agnese 44 ff., 50.
Sant' Andrea 57, 138.
Bafilica Julia 11, 13.
Bafilica Julia 43.
Bafilica Ulpia 11, 13.
Bafilika im Flavier-Palaft 13.
San Callifto (Katakomben) 8, 14.
Caracalla-Thermen 57.
Santa Cecilia in Traftevere 90.
San Clemente 28.
Coemeterium Oftrianum 7, 16.
Santi quattro Coronati 40.
San Cosma e Damiano 57.
Santa Coftanza 57 ff., 138.
Santa Croce in Gerufalemme 26, 48 ff.
Santa Domitilla (Katakomben) 14.
San Giovanni e Paolo 26.
Lateran 30 ff.
Lateran-Baptifterium 63 ff.
San Lorenzo 48, 50, 52 ff., 183.
Santa Maria in Cosmedin 98.
Santa Maria Maggiore 41 ff., 87.
Santa Maria in Traftevere 43.
Minerva Medica 57.
San Pancrazio 76.
Pantheon 55, 57.
San Paolo 30, 35 ff.
St. Peter 30, 33 ff.
Santa Petronilla 53, 130.
Santa Petronilla 47.
San Pietro in vincoli 96.
Santa Praffede 43, 76, 133.

Rom.
Prätextat-Katakomben 16.
Santa Priscilla (Katak.) 16.
Santa Pudenziana 56.
Santa Sabina 45 f.
San Silveftro 97, 110.
Santa Sinforosa 43, 53.
San Jofto e Cecilia 53.
Santa Sotere 88.
Santa Stefano rotondo 59 ff.
Santo Stefano in via Latina 47.
Tempel des Venus und Roma 17.
Torre pignattara 55.
San Volubino 48.

Roweha.
Bafilika 112, 113.
Maufoleen 130.

Salona.
Palaft Diocletian's 70.

Schakka.
Bafilika 113.

Semendria.
Kirche 161.

Serdfchilla.
Säulen 113.

Stilo.
La Cattolica 161.

Studenica.
Kirche 161.

Suèvres.
St.-Chriftophe 98.

Suweda.
Bafilika 112.

Syrakus.
Katakomben 16.
Santa Maria del piliero 108.

Tafcha.
Bafilika 114.

Tebefla (Thevefte).
Bafilika 109, 110.

Theffalonich.
Apoftelkirche 161.
Bardiaskirche 161.
Demetriuskirche 107.
Elieskirche 161.
Eski Dfchuma 101 f.
Georgskirche 138 f.
Sophienkirche 150.

Timgad.
Bafilika 11, 13.

Tipafa (Tefacede).
Bafilika der Salfa 103, 110.
Andere Bafilika 109.

Torcello.
Dom 94.
Santa Fosca 94.

Tours.
St. Martin 93.

Trapezunt.
Kathedrale 161.
Sophienkirche 161.

Trier.
Dom 97.

Turmanin.
Bafilika 119, 123, 125.

Tyrus.
Bafilika 103 f.

Umm-ez-Zetûn.
Kalybé 140.

Venedig.
San Marco 161.